名著阅读新探索：

整书阅读汇报课教学案例集

苏　萍　李晓玉　付建勇　主编

肖雪玲　李春花　副主编

哈尔滨出版社
H.P.H
HARBIN PUBLISHING HOUSE

图书在版编目（CIP）数据

名著阅读新探索：整书阅读汇报课教学案例集 / 苏
萍, 李晓玉, 付建勇主编. —— 哈尔滨：哈尔滨出版社，
2024. 11.—— ISBN 978-7-5484-8316-8

Ⅰ. G623.232

中国国家版本馆CIP数据核字第20247DX813号

书　　名：**名著阅读新探索：整书阅读汇报课教学案例集**
MINGZHU YUEDU XIN TANSUO：ZHENGSHU YUEDU HUIBAO KE JIAOXUE ANLI JI

作　　者：苏　萍　李晓玉　付建勇　主编
责任编辑：杨浥新
封面设计：成都惟文文化传播有限公司

出版发行：哈尔滨出版社（Harbin Publishing House）
社　　址：哈尔滨市香坊区泰山路82-9号　　邮编：150090
经　　销：全国新华书店
印　　刷：捷鹰印刷（天津）有限公司
网　　址：www.hrbcbs.com
E-mail：hrbcbs@yeah.net
编辑版权热线：（0451）87900271　87900272

开　　本：660mm×960mm　　1/16　　印张：15.5　　字数：313千字
版　　次：2025年3月第1版
印　　次：2025年3月第1次印刷
书　　号：ISBN 978-7-5484-8316-8
定　　价：78.00元

凡购本社图书发现印装错误，请与本社印制部联系调换。
服务热线：（0451）87900278

以校本阅读课程研发致敬教育

——写在《名著阅读新探索：整书阅读汇报课教学案例集》出版之际

刘晓军

　　"双减·双新"语境下，坚持素养立意，高质量实施国家课程，优化教学方式，加强增值性评价，成为新时期课改的重要任务。《义务教育语文课程标准（2022年版）》与时俱进，确定以学习任务群建构语文课程基本内容，通过结构化的学习任务，实现语文教学的情境化、生活化和综合化，扎实有效地提升广大学生的语文核心素养。其中，整本书阅读肩负着拓展型学习任务群的育人功能，强调依托整书大体量阅读实践、巩固单篇精读培养的基本方法，运用群文阅读所培养的高阶思维能力，"综合运用多种阅读方法阅读整书，借助多种方式分享阅读心得，交流研讨阅读中发现的问题，积累整书阅读经验，养成良好阅读习惯，提升整体认知能力，丰富精神世界"，以此消解碎片化、肤浅化阅读，整体性提升阅读教学品位。

　　相对于局部、零散的整书阅读研究现状，成都棠湖外国语学校完成的《名著阅读新探索：整书阅读汇报课教学案例集》改变了我的看法，开创了高质量实施国家课程的新样态，充分展示出区域课改有序推进和致力于校本课程开发的勇气和智慧。

　　研读发现，该书荟萃了《逃家小兔》《没头脑和不高兴》《稻草人》《三国演义》《城南旧事》等共计20本经典读物的导读课例，题材多样，体裁丰富，育人价值集中，适用于小学全阶段。每一个课例都经过了严格试教，文本解读全面准确深入，育人价值明确，依托文本情境进行了课程化加工，从整体入手，披文入情，凭借结构化、层递式任务驱动，引导学生梳理情节，聚焦人物形象，展开多维度赏析品鉴，适时换位，灵巧地实现了"读者—作者—环境—人物—价值"等多元对话，辅之以过程性评价和整书单元评价，查漏补缺，补短扬长，实现了阅读方法、习惯和品位的系统提升。尤其难得可贵的是，所有案例均超越导读、助读而聚焦于集体分享，绝非浅尝辄止，而是充分挖掘文心，集体建构文品，展示出挑战高难度的自信，并且运用文字定格和专业出版物的形式，记载筚路蓝缕的艰辛奋斗历程。

由衷感佩，该书凝聚着校本集体探究和区域创新研发的心血和智慧。在双流区教科院优秀语文教研员李晓玉、付建勇老师的陪伴和引领下，成都棠湖外国语学校近20名优秀语文教师，致力于整书阅读校本课程研发。组建项目团队，遴选经典书目，展开系统深入的文本分析，坚持问题求解，直面整书阅读短板，分工合作，多线并进，经过极其艰难的三轮课例实证，终于形成了优秀的整书阅读课例集，填补了实证层面的若干空白，创造出"师生共读—亲子共读—家校共建"的美丽风景，为书香校园、书香班级、书香社区建设注入生机活力，也开创出专业教研机构和课改学校深度协作的成功经验。

抽样研读，浮想联翩。例如《中国古代寓言故事》整书阅读，执教者设计"走进—解密—延展"三大任务，有序实施8课时集体研读，得情、得理、得法、得思，形成师生集体共读的良好机制。在解密寓言智慧环节，回顾已知激发探究兴趣，发现借人事、物象等说理的丰富样态。通过结构化群文阅读技术，在类似文本研读中，聚焦寓意所附着的文本细节，或"剥洋葱"，或抽丝织锦，发现卒章显志固然一目了然，蕴含在人物语言、行为等细节中则特别值得琢磨品味。设身处地的比对，诱发心智运行，还历史故事类寓言以合理性，渗透虚拟、象征、借喻等多种类型和笔法。品味含蓄，悦纳直抒，掌握由表及里的思辨方法，激趣促思，取得类书阅读的方法论和通识成果。在思辨和审美中感受文化自信，在延展中汲取人类文化创造的成果。

再如叶圣陶童话集《稻草人》整书阅读设计，执教者很认真地引导学生研读代表作《稻草人》，梳理稻草人眼前正在发生的"悲惨场景"，向内挖掘稻草人的焦急、揪心、迫切、无助等，洞察感悟那颗悲悯、善良、正直、淳朴、热情的心，直到无可奈何地"倒下"——美好的事物被毁灭——引发强烈、深沉、持久的审美体验，在孩子心灵深处播下一颗真善美的种子。

凭借文字，就让人如此激动。假如能够回到课堂教学现场，那一定是最美好的阅读教育风景！我充满期待！

成都市双流区是教育首善之区，期待有更多学校、更多教研组、更多教师锐意创新，克坚攻难，为我省的义务教育优质均衡发展做出更大更多的贡献！

是为序，贺之。

<hr>

（刘晓军系四川省教育科学研究院小学语文教研员，四川省教育学会小学语文教学专业委员会理事长）

CONTENTS
目录

当一次逃家小兔，捉一回爱的迷藏

——《逃家小兔》任务群教学设计

成都棠湖外国语学校　　陈凤

【书籍简介】

绘本《逃家小兔》的作者是美国图画书界的先驱性人物玛格丽特·怀兹·布朗和克雷门·赫德。故事讲述了一只小兔子想要离开家，探索外面的世界，而兔妈妈则紧紧追随着它，无论小兔子变成什么样子，兔妈妈都会陪伴在它身边。故事通过小兔子和妈妈的对话，展现了母爱的伟大和无私，让学生们从细节中充分体验到了妈妈真挚浓郁的爱。

《逃家小兔》这本故事书不仅仅是一个关于亲子关系的故事，也是一本寓意深远的绘本。它通过小兔子和妈妈之间的互动，让学生们感受到家庭中的爱与温暖，同时也传达了一个信息：无论自己想去哪里、变成什么样子，母爱都会随时保护、支持并给予温暖的安慰。而且故事书图文结合、色彩丰富，非常适合学生们阅读。通过阅读本书，学生们不仅能享受阅读的乐趣，还能在小兔子"逃家"之旅中懂得母爱无处不在，以及母爱的温暖与无私。这样，今后在享受爱、接受爱的同时，更能理解爱、懂得爱和感恩身边的人和事，从而丰盈内心积极正向的情绪价值，树立正确的价值观并积极健康地成长。

【任务群教学设计】

一、学习主题和内容

（一）学习主题

当一次逃家小兔，捉一回爱的迷藏

（二）学习内容

《逃家小兔》

二、学习目标与课时安排

（一）学习目标

1. 通过阅读绘本封面,知道绘本阅读可以从封面开始,并了解绘本故事的相关信息,激发阅读的兴趣。

2. 通过回顾及自主阅读，初步了解故事内容，体会母子之乐，感受故事之趣味。

3. 通过多种方法讲故事、演故事，并能仿照故事形式，创编故事中角色的对话。

4. 结合图文阅读法，探索绘本秘密，深悟故事中的爱之所藏；同时能借助所学的阅读方法，拓展阅读故事，懂得爱与感恩。

（二）课时安排

4—5 课时

三、学习情境

在动物王国中，居住着一只小兔子和他的兔妈妈。每天，这只小兔子的生活起居都有妈妈无微不至的照顾与关怀。而这只小兔子眼里心里都充满着对外面世界的无限好奇与憧憬。于是，有一天，这只小兔子就想"逃"家出走，想离开妈妈的身边，出去闯荡闯荡。

亲爱的同学们，想象一下，这只小兔子从来没离开过家，从来没离开过妈妈，他这样"逃"家出走，会怎样呢？妈妈放心吗？如果是你第一次离家出走，你又希望妈妈怎么做呢？今天陈老师就带着你们一起，当一次逃家小兔，捉一回爱的迷藏，怎么样？

四、学习任务与学习活动

学习任务与学习活动设计

主题情境	学习任务	学习活动	课时安排
当一次"逃家小兔",捉一回爱的迷藏	任务一:携手逃家小兔 感受离家之"乐"	1. 阅读绘本封面,点燃阅读热情。 2. 自主阅读,了解"逃家"故事。 3. 说画故事,感受"逃家"乐趣。	1
	任务二:玩味爱之迷藏 体悟母爱所在	1. 回顾内容,讲述"捉""藏"游戏。 2. 演绎角色,体会"捉""逃"之趣。 3. 研读图文,发现母爱藏身。 4. 对比色彩,显现爱的温度。	1
	任务三:阅读爱的故事 学会爱与感恩	1. 借助方法,拓展阅读绘本。 2. 分享交流,学会爱与感恩。	1.5—2.5

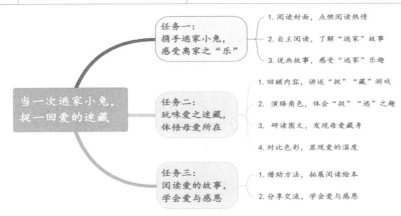

五、过程性评价与单元测评

过程性评价与单元测评设计

评价类型	内容	基本标准
过程性评价	携手逃家小兔 感受离家之"乐"	1. 知道阅读绘本故事从封面开始。能认真阅读封面,用自己的话说说阅读封面了解到的书籍信息。 2. 能自主阅读绘本,了解小兔"逃家"的故事。 3. 能根据小兔母子变化,在说或画故事中感受小兔"逃家"的乐趣。

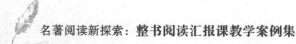

续表

评价类型	内容	基本标准
过程性评价	玩味爱之迷藏 体悟母爱所在	1. 能回顾故事内容，能讲述故事中妈妈"捉"、小兔"藏"的游戏。 2. 能分角色演绎故事，体会故事中妈妈"捉"、小兔"逃"的乐趣。 3. 能图文结合进行研读，发现故事中的母爱藏身之所——语言、动作、眼神、道具等细节。 4. 能对比小兔逃家和妈妈出现的图画色彩变化，发现暖色调的图画能体现爱的温度。
	阅读爱的故事 学会爱与感恩	1. 能借助所学绘本图文结合、关注细节、图画色彩的阅读方法，拓展阅读绘本。 2. 能通过大量阅读后的分享与交流，懂得父母家人的爱，学会爱与感恩。
单元测评	"当一次逃家小兔，捉一回爱的迷藏"绘本阅读推荐交流会	1. 能回顾阅读过程，梳理总结绘本阅读方法，并能运用这些方法阅读其他绘本。 2. 能在线下"读书交流会"或线上"班级读书互动平台"上与小伙伴展示、分享自己阅读绘本的内容、感悟等。 3. 能仿照《逃家小兔》等阅读的绘本故事，和伙伴合作创编故事，并配上相应的图画。 4. 能与伙伴交流父母之爱的故事，懂得被爱与爱，学会感恩。

六、资源与工具

（一）资源

《逃家小兔》《爱心树》《猜猜我有多爱你》《我永远爱你》等书籍、音频资源、有声图书等。

（二）工具

阅读计划、阅读闯关题、过程性评价量表、情节思维导图、摘录书签、阅读评价量表等。

七、设计说明

《逃家小兔》属于绘本类故事，教学中，我们要引导学生好好阅读，深入阅读，学会绘本阅读方法。课中通过几个学习活动，结合故事文字和插图阅读，关注人物及变化，概括故事内容；读懂人物对话，梳理人物关系；关注图画细节，明白爱之所藏；探究封底环衬，学会阅读方法。串联学习所得，联系生活实际，懂得爱与被爱，学会付出与感恩。

过程性评价要求学生在整本书阅读过程中，通过亲子阅读、教师导读、师生共读、生生共读等方式，借助感人的故事，点燃阅读的热情。然后通过合作共读、合作共演、角色扮演、自由创作、自评互评等方式，读懂绘本"浓浓母爱"以及爱之所藏，同时学会绘本的阅读方法：图文结合，关注人物对话读懂绘本内容，以及从绘本图画色彩，以及环衬和封底去阅读和感悟绘本的情感与主题。单元测评要求能回顾阅读过程，梳理总结绘本的阅读方法，并反思自己需要改进的地方，为后续的整本书阅读积累经验。并用学会的方法大量拓展阅读同类绘本，在阅读故事中汲取营养，感悟爱与被爱，收获成长，懂得付出与感恩。

【教学设计】

当一次逃家小兔，捉一回爱的迷藏

——《逃家小兔》整书汇报交流

一、学情分析

学生们已经在家长的陪伴下阅读了《逃家小兔》这本书。同时，一年级大量的绘本阅读已经让学生们初具一定绘本阅读的能力。但对文字及事物的认知程度较低；专注程度具有一定差距，且再造想象能力缺乏。

本次教学选择《逃家小兔》来进行阅读汇报交流课，目的是引导学生在绘本阅读中既要关注文字的阅读，也要关注图画的阅读，如图画色彩、细节变化，图画的环衬和封底的特点等。绘本阅读，既要读懂文字，也要读懂图画，学会图文结合阅读绘本的方法，并通过借助运用这样的方法，拓展阅读大量绘本故事，懂得爱与被爱，学会感恩。

二、教学内容

任务二——玩味爱之迷藏，体悟母爱所在

三、教学目标

1. 通过看图片接龙讲故事，回顾绘本内容，体会故事的趣味。

2. 在讲述故事的基础上，展开想象，仿照创编故事对话。

3. 通过阅读文字、观察图画细节，体会故事中蕴藏的母爱，发现绘本图文互补的秘密，并学会图文结合阅读绘本的方法。

4. 关注环衬封底及对比小兔逃离与妈妈出现时的图画色彩，了解绘本借助色调表现情感的特点。

5. 通过讲生动的母爱故事，懂得爱与感恩。

四、教学重难点

1. 通过看图片接龙讲故事，体会故事的趣味。

2. 通过阅读文字、观察图画细节，体会故事中蕴藏的母爱，发现绘本图文互补的秘密，并学会图文结合阅读绘本的方法。

3. 关注环衬封底及对比小兔逃离与妈妈出现时的图画色彩，了解绘本借助色调表现情感的特点。

五、教学准备

教师准备：

课件 PPT，人物剪贴画，故事背景音乐，歌曲《心甘情愿》。

学生准备：

1. 学生反复阅读绘本《逃家小兔》，知道每一个小故事的内容。

2. 知道小兔子变化的顺序，兔妈妈的变化顺序。

3. 美术课中学习色系色调。

4. 同主题绘本：《爱心树》《猜猜我有多爱你》《我永远爱你》。

六、教学过程

导入：回顾阅读内容，激发阅读兴趣

同学们，你们已经和爸爸妈妈一起携手逃家小兔，感受了小兔的离家之"乐"。今天，让我们再次走进绘本，走进任务二——玩味爱之迷藏，体悟母爱所在。

活动一：回顾内容，讲述"捉""藏"游戏

1. 让我们一起叫叫小兔吧。（齐读课题）

2. 请回忆故事内容：小兔（贴小兔）先后想变成了什么呢？

回顾绘本故事：

小兔先后想变成什么呢？妈妈呢？

请按照顺序说一说。

（学生回忆故事，按照顺序说出小兔先后的变化。）

3. 教师按顺序贴图。

贴板图（小鳟鱼—高山上的大石头—小花—小鸟—小帆船—空中飞人—小男孩）

小兔想逃，妈妈呢？（贴板图：兔妈妈）

（利用人物小兔和兔妈妈的不同变化形象图，用自己的话讲讲整个故事，整体把握整书的主要内容。）

【设计意图】激发兴趣，回忆故事，按照顺序说出小兔先后的变化，讲述整个故事，既是整体感知，又能为深入阅读奠定基础。

活动二：演绎角色，体会"捉""逃"之趣

1. 师生合作读故事。

妈妈怎能放心孩子的离开？配乐，师先读文，读到一半，引导学生接读，师生合作读完故事。

2. 师生合作演故事。

同学们能读故事，能演故事吗？现在你们就是那可爱又调皮的小兔，我是兔妈妈——

出示第一个故事图画及对话，指明一生和师角色表演。

> "如果你来追我，"小兔说，"我就要变成溪里的小鳟鱼，游得远远的。"
>
> "如果你变成溪里的小鳟鱼，"妈妈说，"我就变成捕鱼的人去抓你。"

小结：我们在讲故事，表演故事时，只是带上恰当的语气、表情，还不够，还要有夸张的动作来表现人物的性格和内心世界。（贴方法：带上语气、表情、动作。）

从小兔和妈妈的对话中，你发现了什么？

> "如果你跑走了，"妈妈说，"我就去追你，
>
> 因为你是我的小宝贝呀！"
> "如果你来追我，"小兔说，"我就要变成
>
> 溪里的小鳟鱼，游得远远的。"
>
> "如果你变成溪里的小鳟鱼，"妈妈说，
>
> "我就变成捕鱼的人去抓你。"
>
> 如果……就……

探究交流，发现小结故事的对话创作秘密：如果……就……

3. 串联图画，表演故事。

（1）出示第二、三个故事（提供图片）。

你能用上"如果……就……"这样的句式，并带上相应的语气、表情和动作来演故事吗？

小组合作看图演故事，老师巡视观察，指导。

指名上台展示。小组1表演——小组2表演——小组3表演

师生评价3个小组的表演。同桌合作，表演其余的故事。

指名同桌表演最后两幅图。

指名评价，指出优点和缺点。

再指名表演最后2幅图画。（发现人才，精彩展示。）

小结：同学们，我们在合作读故事、演故事的时候，就要像他们一样，带上扮演角色的语气，还有恰当的表情，夸张的动作，把大家带进精彩的故事，让我们通过语气、表情、动作认识人物的特点和心情。

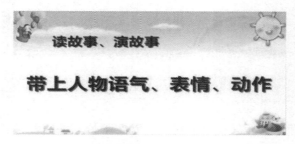

【设计意图】通过师生合作、生生合作读故事、演故事的方式，在一次次的实践展示与大家的互评中，学会读演故事的方法，学会阅读同类主题绘本。

活动三：研读图文，发现母爱藏身

1. 记者采访。同学们，大家好！我是棠外电视台记者。看了大家的表演，我想采访下兔妈妈：

（1）兔妈妈，我刚看到小兔变成小鳟鱼时，你并没有拿鱼钩去钓小兔，为什么呀？

（2）兔妈妈，小兔变成高山上的大石头，你变成爬山人去找他。请问，你背上背那么大包干什么？

（3）兔妈妈，还得采访您。请问小兔变成了一朵花躲在花园里，你为什么要变成园丁而不是摘花的人？

（4）这位兔妈妈，你为什么要变成大树呢？而且还是张开双手的大树？

观察、探究、发现：妈妈变成张开双手的大树，随时让飞累了飞倦了的小鸟投入妈妈温暖的怀抱，这都源自妈妈对小兔的浓浓爱意。

2. 同桌合作，创编故事。

小兔还想变成什么？兔妈妈又变成什么呢？请同桌以表演的方式创编。

表演创编时，用上"如果……就……"的句式。

小结：小兔从家逃出，不管变成什么，最后又变成小男孩回到了家，故事又回到了原点，就像一个圆圈。（连接小兔的每一次变化，最终绘成圆圈。）

3. 发现母爱，升华主题。（音乐《心甘情愿》响起。）

（揭示汇报课的主题，出示板贴。）

小结：小兔和妈妈的故事就像在捉迷藏。所以，这个故事又叫——"爱的迷藏"。

【设计意图】记者采访的形式，新颖别致，活跃课堂氛围，充分调动学生学习的积极性和主动性，并在探究中发现妈妈的爱所藏之处。又在创编故事中，发现兔妈妈的每一个变化角色都是根据小兔变化的角色来变化的，目的都是为了保护小兔。

活动四：对比色彩，显现爱的温度

1. 请同学们仔细看看绘本图画，什么时候是黑白的？什么时候是彩色的？

图画出示：黑白的图画拼串在一起，彩页的图画拼串在一起。

小结：阅读绘本，可以阅读图画的色彩。（贴卡片：色彩）

2. 同学们观察这一幅图，看看你能发现什么？（出示兔妈妈变的大树形状。）

3. 妈妈的爱还藏在哪里呢？（出示几幅图：胡萝卜钓小兔；妈妈变成爬山人背

上大背包，在山脚下望着小兔；兔妈妈变成走钢丝的人，随时关注变成空中飞人的小兔。）

分别观察图画，发现妈妈的爱所藏之处——图画人物的角色、人物的道具、眼神、动作等细节。

4. 再来观察绘本环衬、封底，你又有什么发现呢？（出示绘本的环衬和封底。）

观察、交流、总结：绘本的环衬和封底（颜色等）能体现绘本故事的情感与主题。

【设计意图】通过观察探究，发现彩色图画给人温暖和爱的感觉。故事就因为爱，使绘本画面变得更加温馨。学会认真阅读绘本图画的细节读懂故事，以及阅读封面、封底、环衬来深刻感悟故事的情感和主题，真正学会读懂绘本的方法，因为学会才是最重要的。

活动五：推荐拓展阅读，懂得爱与感恩

像《逃家小兔》这样关于"爱"的绘本故事还有很多，如《猜猜我有多爱你》《爱心树》《我永远爱你》等这些绘本无论是文字还是图画，都很美，值得我们好好阅读呢！希望同学们用上我们今天学会的阅读绘本的方法去认真阅读，在阅读中和绘本故事中无数这样的"小兔"结交好友，懂得被爱与爱，学会感恩。

（学生拓展阅读《猜猜我有多爱你》《爱心树》《我永远爱你》。）

【设计意图】习近平总书记多次谈及学习问题，强调要学以致用、用以促学、学用相长。本环节，学生用学会绘本阅读的方法拓展阅读相同主题的绘本，在大量的同主题绘本阅读中懂得被爱的同时，更要懂得去爱和感恩。

七、板书设计

当一次逃家小兔，捉一回爱的迷藏

——《逃家小兔》整书汇报交流

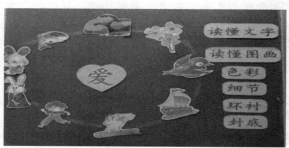

（建议年级：小学一年级）

智慧之旅，心灵启迪

——《没头脑和不高兴》任务群教学设计

成都棠湖外国语学校　朱栎颖

【书籍简介】

　　《没头脑和不高兴》是著名儿童文学作家任溶溶的代表作之一，该书根据上海美术电影制片厂拍摄的同名动画片改编而成，是一部深受孩子们喜爱的经典儿童文学作品。

　　《没头脑和不高兴》主要讲述了两个性格迥异却形影不离的好朋友——"没头脑"和"不高兴"的故事。这两个小孩，一个是粗心大意、丢三落四的"没头脑"，他做事情总是马马虎虎，记什么都打个折扣；另一个是任性固执、爱唱反调的"不高兴"，他总是由着自己的性子来，不愿意与别人齐心协力按规定办事。故事通过一系列幽默生动的情节，展现了他们因为各自的缺点而引发的一系列笑料百出的故事。

　　这部作品通过两个孩子的故事，寓教于乐地传达了深刻的教育意义：好习惯要从小培养，做事情要认真细致，不能马虎大意；同时，也要学会团结合作，不能任性妄为。它让孩子们在欢笑中认识到自己的不足，学会改正错误，培养积极向上的生活态度。

【任务群教学设计】

一、学习主题和内容

（一）学习主题

智慧之旅，心灵启迪

（二）学习内容

《没头脑和不高兴》

二、学习目标与课时安排

（一）学习目标

1. 通过封面、目录、插图等初步了解故事的主要人物和情节概要，引发学生的好奇心和阅读欲望。

2. 开展角色扮演活动，深入理解"没头脑"和"不高兴"两个主要人物的性格特点及其行为背后的原因，体会故事所蕴含的道理。

3. 借助图文回顾内容，考查学生的阅读情况；借助故事绳，梳理故事内容，引导发现作者创编故事的密码。

4. 引导学生在故事里照镜子，反思自己身上的坏毛病，用本课学到的创编方法，进行夸张想象创编。

5. 引导学生对故事内容进行批判性思考，分析故事中的错误行为及其后果，思考如何避免类似问题的发生；同时，将书中道理与现实生活相联系，深化阅读感悟。

（二）课时安排

3—4 课时

三、学习情境

在一个充满奇幻色彩的小镇里住着两位特别的朋友，他们的名字既有趣又引人深思——"没头脑"和"不高兴"。"没头脑"总是丢三落四，做事不考虑后果；而"不高兴"呢，则常常因为一点点小事就闷闷不乐，对什么都不满意。但是，你们知道吗？正是这两个看似"不靠谱"的小伙伴，却在他们的冒险故事中，教会了我们许多成长的秘密。

轻轻翻开《没头脑和不高兴》，仿佛开启了一扇通往奇幻世界的大门。阅读它不仅仅是一次简单的文字之旅，更是一次心灵的成长之旅。这本书像是一面镜子，让我们在欢笑中看到自己的影子，思考自己在成长道路上可能遇到的问题和挑战。它教会我们，每个人都有可能犯错，但关键在于我们能否从错误中吸取教训，勇敢地迈出下一步。同时，它也让我们学会了珍惜朋友间的情谊，理解并包容他人的不足，共同成长。

现在，就让我们一起踏入这扇奇幻的大门，与"没头脑"和"不高兴"携手，开始这场充满乐趣与成长的阅读之旅吧！

四、学习任务与学习活动

学习任务与学习活动设计

主题情境	学习任务	学习活动	课时安排
智慧之旅 心灵启迪	任务一：奇遇启程，走进"没头脑"与"不高兴"的奇妙世界	1. 封面启航，初遇奇趣伙伴。 2. 情节速览，笑语连连不断。 3. 人物解码，性格初步剖析。 4. 激发兴趣，制订阅读计划。	1
	任务二：性格解码，探究"没头脑"与"不高兴"的成长历程	1. 角色演绎，体会性格差异。 2. 人物追踪，解密性格变化。 3. 细节探究，笑泪中寻真谛。 4. 阅读续航，规划后续探索。	2
	任务三：创意无限，续写"没头脑"与"不高兴"的全新篇章	1. 图文结合，回顾故事内容。 2. 解锁密码，掌握创编方法。 3. 提炼主题，情感深度升华。 4. 读书阅己，迁移创编故事。	1

智慧之旅心灵启迪

任务一：奇遇启程，走进"没头脑"与"不高兴"的奇妙世界
- 1. 封面启航，初遇奇趣伙伴
- 2. 情节速览，笑语连连不断
- 3. 任务解码，性格初步解剖
- 4. 激发兴趣，制定阅读计划

任务二：性格解码，探究"没头脑"与"不高兴"的成长历程
- 1. 角色演绎，体会性格差异
- 2. 人物追踪，解密性格变化
- 3. 细节探究，笑泪中寻真谛
- 4. 阅读续航，规划后续探索

任务三：创意无限，续写"没头脑"与"不高兴"的全新篇章
- 1. 图文结合，回顾故事内容
- 2. 解锁密码，掌握创编方法
- 3. 提炼主题，情感深度升华
- 4. 读书阅己，迁移创编故事

五、过程性评价与单元测评

过程性评价与单元测评设计

评价类型	内容	基本标准
过程性评价	任务一：奇遇启程，走进"没头脑"与"不高兴"的奇妙世界	1. 能够细致观察封面，准确指出书名、作者及插图中的主要人物，并能用简短的话语描述他们对这两个角色的初步印象或感受。 2. 能够准确提炼出教师或同伴分享的关键故事情节，如"没头脑"和"不高兴"的趣事，并能简要复述其中一个或多个片段。 3. 能够准确概括"没头脑"和"不高兴"的性格特点，如粗心大意、情绪化等，并能结合具体事例进行说明。 4. 能够根据自己的实际情况，制订出合理的阅读计划，包括预期完成时间、每日阅读量等。
单元测评	任务二：性格解码，探究"没头脑"与"不高兴"的成长历程	1. 能够迅速进入角色，通过肢体语言和面部表情生动展现"没头脑"的马虎与"不高兴"的任性，感受到两个角色的性格差异。 2. 能够准确地从书中提取关于角色性格变化的关键信息。 3. 能捕捉到书中的有趣细节或感人瞬间，分享自己的情感体验，展现对故事内容的深刻共鸣。
	任务三：创意无限，续写"没头脑"与"不高兴"的全新篇章	1. 能够准确利用图文材料回顾并讲述《没头脑和不高兴》的主要故事内容，不遗漏重要情节。 2. 准确理解并掌握创编故事的基本方法。 3. 能够深入感受故事中人物的情感变化，产生情感共鸣，并能够通过言语或作品表达自己的感受和思考。 4. 能够将阅读《没头脑和不高兴》所获得的知识、技巧和情感体验迁移到新的故事创编中，实现知识的内化和运用。

六、资源与工具

（一）资源

《没头脑和不高兴》书籍。

（二）工具

阅读计划、过程性评价量表、人物"故事绳"、阅读评价量表等。

七、设计说明

《没头脑和不高兴》整书阅读任务群教学设计，旨在引领小学二年级学生踏上一场奇妙的阅读之旅。从"奇遇启程"的导读课开始，学生初遇这对性格鲜明的伙伴，激发阅读兴趣并制订计划。随后，"性格解码"的推进课深入剖析角色成长，通过角色演绎、追踪及细节探究，让学生在笑与泪中感受角色的变化与真谛。最终，"创意无限"的汇报课鼓励学生将所学转化为实践，通过回顾、创编与情感升华，续写出属于自己的《没头脑和不高兴》新篇章。整个任务群教学设计注重学生的主体性与创造性，不仅提升了学生的阅读能力，更激发了他们的想象力与创造力，让阅读成为一次难忘的成长之旅。

【教学设计】

智慧之旅，心灵启迪

——《没头脑和不高兴》任务群教学设计

一、学情分析

二年级学生刚刚接触到整本书阅读的汇报课，这也是他们第一次真正意义上的读完一本很长的故事书，因为书中的故事情节很有趣，大家都读得津津有味、捧腹大笑，所以让学生来汇报阅读这本书的感受，学生们乐在其中。

本次教学选择《没头脑和不高兴》来进行阅读汇报交流课，目的是引导学生在阅读整本书的时候能通过讲故事、表格梳理等方式来发现作者创编故事的方法，并运用这样的方法，尝试自己创编故事。这也是对写话能力的延展教学。

二、教学内容

任务三——创意无限，续写"没头脑"与"不高兴"的全新篇章

三、教学目标

1. 借助图文回顾内容，考查学生的阅读情况，激发课堂趣味。
2. 借助故事绳，梳理故事内容，引导发现作者创编故事的密码。

3. 引导学生在故事里照镜子，反思自己身上的坏毛病，用本课学到的创编方法进行夸张想象创编。

四、教学重难点

解读创编故事的密码；用上夸张想象，结合所学方法进行创编，发展学生的思维能力和表达能力。

五、教学准备

老师准备：

课件、磁性小黑板、字卡、题单。

学生准备：

①学生反复读《没头脑和不高兴》，知道这本书的主要内容、主要人物。

②知道每个小故事的主要人物是谁，并能大概讲述书中每个小故事的主要内容。

六、教学过程

导入：回顾已学任务，引入本课内容

同学们，这段时间我们全班共读了任溶溶的幽默文学作品《没头脑和不高兴》这本书，同学们都很喜欢这本书。通过前面的学习，大家初步认识了两位性格各异的好朋友，发生在他们身上的故事让我们笑语连连。这节课，我们走进"任务三：创意无限——续写'没头脑'与'不高兴'的全新篇章"，去探寻作家创编故事的密码并创编属于自己的故事。

活动一：图文结合，回顾故事内容

1. 书里写了哪些故事，你能看图猜故事吗？

看图猜故事。师相机评价。

2. 猜故事难不倒你们，那读文猜人物可以吗？

看图猜故事、读文猜人物都难不倒你们。看来同学们对每个故事都有了一定的了解了。

3. 书里的 7 个故事，你最喜欢哪个故事？用一句话说一说。

交流《没头脑和不高兴》。

【设计意图】老师通过回顾书里的内容，让学生快速回归到文本中去，通过讲喜欢的故事，迅速唤醒学生的阅读记忆，激发学习兴趣。

活动二：解锁密码，掌握创编方法

密码一：复述故事，发现相同的叙事结构

（一）复述故事，回忆故事内容

1. 把故事绳的顺序打乱，让学生按书中的描写排一排故事顺序。

2. 学生根据故事绳上的情节，讲一讲这个故事。

3. **师小结**：我们在讲第一个故事时，先了解了这个故事的主要情节，然后按照顺序把主要情节串起来，最后根据主要情节讲清楚了这个故事。所以，通过梳理故事情节，就能把故事讲清楚，讲完整。

4. 请学生迁移运用，把其他几个故事讲清楚、讲完整。

题单 1：先排序，再按你填的顺序讲故事；

题单 2：先补充一两个重要情节，再按故事绳的顺序讲故事；

题单 3：先补充三个重要情节，再按故事绳的顺序讲故事。

生根据自己的能力选择其中一个题单（三个题单的难度呈递增）

5. 汇报：

（1）先汇报选择的是哪张题单。

（2）然后汇报补充的情节是什么。

相机评价：

预设：把这个故事简洁地讲了出来。

预设：把这个故事讲清楚、讲完整了。还有语言更精练的吗？

预设：不仅清楚完整地讲了故事，语言也很精练。

（二）统整信息，发现结构特点

1. 通过梳理故事情节，把刚刚讲的这四个故事的起因、经过、结果放进表格里，让学生观察：这些故事的起因是什么？ PPT：动画出示（起因）。

2. 竖着观察表格，这些故事的起因有什么共同特点？预设：坏习惯。（板书：坏习惯）

3. 因为这些坏习惯，他们有了什么样的经历呢？注意标红的字，你发现他们的经历有什么共同特点？

预设：遇到了不好、不顺利、不愉快、给自己或者别人带来了害处、伤害了自己或者别人等。

4. 总而言之，就是都遇到了很多的——预设：麻烦、困难等。

（板书：遇麻烦）

5. 故事的结果怎么样？PPT：动画出示结果。

预设：大多数的坏习惯都改正了。（板书：改毛病）

6. 虽然作者最后没有写泰焦傲的结果，可以想象一下，在表演出丑之后，他会有什么改变？生自由发言。

小结：故事的起因都是有一个坏习惯，故事的经过都是因为这个坏习惯，遇到了很多麻烦，故事的结果都是得到了教训，改正了坏毛病。原来，每个故事都是按照这样的结构来讲的。这就是任爷爷讲故事的第一个密码。（板书：相同的结构）

密码二：走进人物，感受有趣的人物形象

（一）单一的性格特点

1. 在表格里分析梳理，发现每个人的特点是什么？

生汇报，相机出示。

2. 预设：每个人都有一个突出的特点，每个人的特点都是单一的。

（板书：一人一特点。）

这些特点呀，还都是些——预设：坏毛病！

（二）人名的谐音特点

1. 他们不仅特点突出，他们的名字也可有趣了，一起读一读。仔细观察他们的名字，和他们的特点有什么关系？

预设：他们的名字就是他们的特点，作者就是根据他们的特点来取的名字。

2. 来观察这个名字：泰焦傲。他的特点就是太骄傲，任爷爷给他取的名字是泰焦傲，观察读音，你发现了什么？

预设：读音是一样的。

小结：像这样抓住特点取名字，名字和特点读音相同的取名方法就叫——谐音。

书中还有个谐音的名字是甄用功，这个人的特点就是真用功。

闹闹，他的特点就是喜欢闹。

3. 如果要抓住特点取名字，你会给有这些特点的人取什么名字？

给一个特别懒的人取名字，你可以叫他什么？预设：泰懒惰…

一个人总挑食，这样不吃那样不吃，你会叫他？预设：甄挑拾…

经常迟到，可以叫他？预设：艾驰道…

无规矩，无规则，可以叫他？预设：吴规矩…

小结：取名字的时候采用谐音的方法，就能突出人物的特点。

（板书：名字显特点。）

4. 这就是任爷爷塑造人物的方法，每个人都有一个突出的特点，还有一个突出特点的名字呢。

5. 用上这两个方法，任爷爷就给我们塑造了一个有趣的人物！恭喜你们，发现了任爷爷讲故事的第二个密码了。

（板书：有趣的人物）

密码三：精彩片段，破解奇妙的想象密码

1. 回忆一下《没头脑和不高兴》的故事绳。

你认为哪些经历特别奇特？

2. 快速翻看书P8—P25。生谈自己的感受。

预设：生——不高兴打老虎。

聚焦细节：尤其注意标红的字，再说感受。

预设：奇妙、神奇、不可思议、想象丰富、不敢相信、不可能吧……

3. 这些事在我们的生活中不可能发生，作者是怎么写出这么奇妙的事情的？预设：这是作者的想象。（板书：奇妙的想象）

4. 不仅如此，作者在写他们的经历的时候，还写得很大胆夸张。这就是用了（板书：大胆的夸张）。

5. 用上这两个方法，人物就有了（板书：奇特的经历）。这就是任爷爷讲故事的第三个密码。

小结：任爷爷就是用上这三个密码，故事才这么生动有趣。才让孩子们读得津津有味，读得捧腹大笑。

【设计意图】通过着重抓住四个故事，一步一步引导学生运用讲故事和表格梳理的方式，发现作者创编故事的密码，为后面的创编故事搭好支架，践行教学评一致。

活动三：提炼主题，情感深度升华

（一）提炼主题

1. 想一想，任爷爷为什么要给我们讲这些故事？

预设：告诉我们从小就应该养成好习惯。

2. 每个人可能都有一些坏毛病，就像书中的扉页中这样写道：在"没头脑"和"不高兴"身上，每个人都能读到自己。

（二）升华主题

1. 你身上有他们的影子吗？生畅所欲言。

2. **小结**：人无完人，每个人身上可能都有坏习惯，如果你像书中的人一样，改掉坏习惯，就能遇见更好的自己。（板书：遇见更好的自己）

【设计意图】通过提炼主题，明白作者的创作意图，并能通过书带给我们的启示联想到自己身上有什么坏习惯，要怎样改正坏习惯才能遇见更好的自己。

活动四：读书阅己，迁移创编故事

（一）谈话迁移，汇报激趣

1. 想想我们身上有哪些坏习惯呢？生汇报。

2. 思考交流：如果一个人非常邋遢，你会叫他什么？他会经历哪些奇妙的麻烦事？最后怎样改掉了坏习惯？先自己想一想，然后跟同桌说一说。生简单汇报，老师紧扣黑板上的板书引导思考。

（二）小组合作，创编故事

1. 选择一个坏毛病，借助题单4，4人小组合作编故事。

2. 用上3个创编密码，把人物的经历编得奇特夸张。

（三）巡视

（引导学生展开想象，情节要跟人物的特点相匹配。）

第1个小组汇报。老师结合板书评价。

评价要点：这些经历，是否都是因为他的坏习惯，才有了这些奇特的经历。

第一个密码用上了没有？一颗星。

第二个密码用上没有？两颗星。

第三个密码用上没有？四颗星。

还有谁来挑战他们，把故事讲得更奇特，更夸张？

第2个小组汇报。（生结合板书进行评价，老师引导完善，一起完成一个五星级的故事。）

（四）总结归纳，课外延伸

今天，我们不仅发现了任爷爷讲故事的密码，还学会了用密码编故事，你们不仅是了不起的读书小博士，还是会讲故事的故事大王。读了这本书，又创编了故事，相信你们一定会改掉自己的坏习惯，遇见更好的自己。

这本书还被拍成了同名动画片，回家搜来看一看，看看动画片跟你读书的感受有什么不一样呢？

【设计意图】老师通过前面支架的搭建，让学生进行小组合作创编故事，在故事里得到精神成长，提升学生创编故事的能力。通过交流汇报和评价，提升学生合作学习、改编故事的能力。

七、板书设计

遇见更好的自己

——《没头脑和不高兴》整书汇报交流

相同的结构	坏习惯
	遇麻烦
	改毛病
有趣的人物	一人一特点
	名字显特点
奇特的经历	大胆的夸张
	奇妙的想象

（建议年级：小学二年级）

附题单

题单一　一个天才杂技演员

题单1——先排序，再复述
《一个天才杂技演员》

（　）泰焦傲仗着自己杂技本领高超，就十分骄傲自满。

（　）在休养所大吃、大喝、大睡，完全忘记了练功这回事。

（　）结果：杂技本领大大退步，表演的时候出丑，闹了大笑话。

（　）后来，胖成了不倒翁，起来的时候差点栽跟头。

（　）甚至镜子椅子车子都搁不下他，出门时还被堵在了门洞里。

（　）后来变成了庞然大物，最终只能用装大象的车把他运到戏院去。

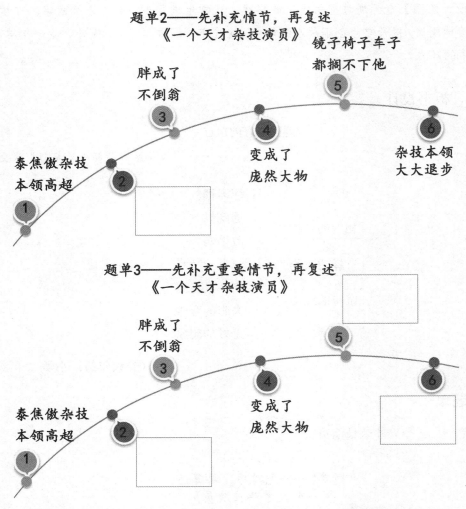

题单二　奶奶的怪耳朵

题单1——先排序，再复述
《奶奶的怪耳朵》

（　）闹闹以前总是准时开闹，吵得楼上楼下的人都睡不着觉。

（　）放学时，大吼大叫地吵着要吃鸡蛋。

（　）奶奶以为他牙疼，就打算给他吃牙疼止痛片。

（　）嗓子叫哑了，奶奶却还是听不见。

（　）闹闹大吵大闹，叫得精疲力尽。

（　）小声说话奶奶却听见了，最终知道自己错了，再也不闹了。

题单2——先补充情节，再复述
《奶奶的怪耳朵》

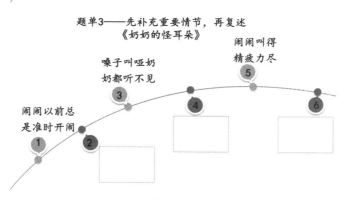

题单3——先补充重要情节，再复述
《奶奶的怪耳朵》

4人小组合作编故事		
坏习惯		
取名		
奇特的经历 （想象、夸张）	○—○—○……	

题单三　当心你自己身上的小妖精

题单1——先排序，再复述
《当心你自己身上的小妖精》

（　　）多多以前很乖。
（　　）爸爸妈妈说他不乖不喜欢他了。
（　　）爷爷都多多打败脾气精。
（　　）得到心爱的小汽车。
（　　）乖乖吃青菜睡午觉。
（　　）哭闹着要吃油条、要小汽车。
（　　）知道错误再也不闹了。

题单2——先补充情节，再复述
《当心你自己身上的小妖精》

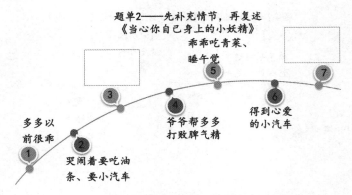

题单3——先补充重要情节，再复述
《当心你自己身上的小妖精》

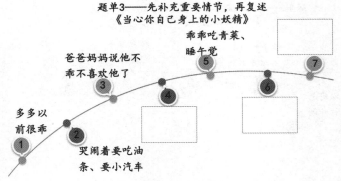

4人小组合作编故事	
坏习惯	
取名	
奇特的经历（想象、夸张）	

喜观鸭子骑车，勇逐梦想花开

——《鸭子骑车记》任务群教学设计

成都棠湖外国语学校　段雪梅

【书籍简介】

绘本《鸭子骑车记》是大卫·香农的代表作之一，曾入选美国纽约公共图书馆"每个人都应该知道的100种绘本"。这本书讲述了一只鸭子冒出想骑自行车的疯狂想法后，不仅勇敢尝试并实现了愿望，还带动身边的动物朋友一起骑车的故事。通过这个让人兴奋又愉悦的故事，作者生动地描绘出鸭子勇于探险、敢于挑战的特点。

《鸭子骑车记》中的那只鸭子正是孩子们心灵的真实写照：只有孩子才有这样珍贵的好奇心和勇气，才会不迟疑，不畏惧，敢在各种质疑声中探索。通过阅读，学生可以在享受阅读乐趣的同时，萌生包容和尊重他人不同观点和选择的意识，激发其大胆尝试新生事物并坚持到底的勇气。绘本还通过色彩鲜艳的图画，细腻传神的动物形象，深入孩子们的心灵，激发孩子们的创造力的同时，也能增强他们的观察能力和表达能力，提升他们的阅读能力，涵养他们的审美情趣。

【任务群教学设计】

一、学习主题和内容

（一）学习主题

喜观鸭子骑车，勇逐梦想花开

（二）学习内容

《鸭子骑车记》

二、学习目标与课时安排

（一）学习目标

通过了解绘本封面信息，大胆猜测故事内容，激发学生阅读的兴趣。

能自主阅读绘本，厘清故事中的人物，通过个人、小组讲述、表演等形式，进一步梳理故事情节，了解故事的主要内容，培养语言表达能力。

运用表格统整、图文结合、联系生活等方法深入研读，明白要大胆尝试新生事物并坚持到底的道理。

展开想象，结合动物骑车前后心理、表情的变化，通过画一画、讲一讲、演一演等方式续编故事，培养想象力和语言表达能力。

运用学到的阅读绘本的方法，拓展阅读其他逐梦类绘本，提高阅读能力。

（二）课时安排

3—4 课时

三、学习情境

你们骑过车吗？与伙伴们相约骑行，一起欢笑着穿过公园，一路追赶着冲上山丘，一道歌唱着翻过田野，是多么惬意！鸭子也想来感受这份骑车的快乐，你觉得可能吗？

一切皆有可能！有一只鸭子真的做到了！当它骑着自行车潇洒地穿过农场，农场里的马、牛、羊……看到这一幕，又会有什么样的态度呢？让我们一起走进美国绘本作家大卫·香农的代表作《鸭子骑车记》，跟随这只小鸭子，去探索骑车的奥秘吧！

四、学习任务与学习活动

学习任务与学习活动设计

主题情境	学习任务	学习活动	课时安排
喜观鸭子骑车 勇逐梦想花开	任务一：举行一场"骑行"读、讲故事会	1. 观察封面猜情节，引发兴趣荐绘本。 2. 自主阅读知内容，开启"骑行"之奇旅。 3. 讲述"骑车"故事，交流"骑行之趣"。 4. 展演精彩"骑车"秀，体验骑行之乐。	1—2

主题情境	学习任务	学习活动	课时安排
喜观鸭子骑车 勇逐梦想花开	任务二：品味一段"骑行"逐梦之旅	1. 聚焦骑行之路，感受鸭子逐梦勇气。 2. 细观人物形貌，发现梦想踊跃于心。 3. 对比骑行前后，领会大胆逐梦之美。 4. 联系自我生活，开启生命逐梦之行。	1
	任务三：绘制一份"追梦"故事集	1. 借助习得方法，阅读追梦绘本。 2. 讲述追梦故事，交流追梦人物。 3. 绘制追梦故事集，评比展示"追梦星"。	1

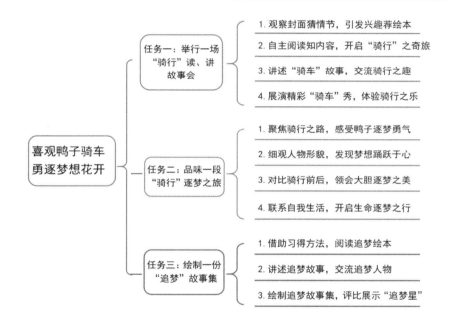

五、过程性评价与单元测评

评价类型	内容	基本标准
过程性评价	举行一场"骑行"读、讲故事会	1. 能结合封面，大胆猜测故事内容，产生阅读绘本故事的兴趣。 2. 自主阅读，通过绘制骑行路线图，梳理故事人物特点，初步了解故事内容。 3. 能根据角色特点，通过个人、小组讲述、表演故事，把握绘本内容。

续表

评价类型	内容	基本标准
过程性评价	品味一段"骑行"逐梦之旅	1. 深入阅读绘本，能运用表格梳理统整动物们的前后变化，感受动物们追逐梦想的勇气。 2. 能借助表格提示，加上动作、表情等把故事讲精彩。 3. 能运用图文结合的方式，通过对比动物的想法、表情、行动，深入品读故事，体会骑车带来的乐趣。 4. 通过合作探究，联系生活体验，明白要大胆尝试新生事物并坚持到底的道理。
	绘制一份"追梦"故事集	1. 展开想象，通过画一画、讲一讲、演一演等方式续编故事。 2. 能迁移运用本课所学到的阅读方法读懂《鸭子开车记》等逐梦类绘本故事。 3. 能结合自己已有的生活体验，交流所了解到的追梦类故事或者人物，并从中获得启示。
单元测评	《鸭子骑车记》阅读分享会	1. 回顾阅读和学习过程，能梳理和总结出可以通过图文结合、联系生活等方式进行深入品读绘本。 2. 能清楚地抓住动作、表情、行动等细节，讲述续编的故事，展示自己对动物们实现骑车梦想时心情多样化的理解。 3. 能分享阅读感受，联系生活说出从鸭子骑车前后的变化中所获得的启示。 4. 迁移运用本书的阅读策略，主动持续阅读更多的逐梦类故事。

六、资源与工具

（一）资源

《鸭子骑车记》书籍、音频资源、有声图书等。

（二）工具

阅读计划、阅读闯关单、过程性评价量表、阅读评价量表等。

七、设计说明

丰富凝重的色彩，看似简单滑稽却激情跌宕的情节，构成了《鸭子骑车记》这本让每个孩子都兴奋不已的绘本。书中图画色彩鲜艳，动物表情细腻传神，既吸引了孩子的目光，又深入孩子的心灵，使其萌发大胆尝试的勇气。

通过任务一：举行一场"骑行"读、讲故事会，引导学生了解封面信息，大胆猜测故事内容后，初读绘本故事，并通过讲述、表演的形式梳理自己对故事的理解。通过任务二：品味一段"骑行"逐梦之旅，借助表格的梳理，引导学生关注动物的心理，加上动作、表情讲好每个小故事。然后紧扣想法，与学生一起提炼出动物们对鸭子骑车的看法。再着重抓住典型动物的小故事，一步一步引导学生发现作者藏在图画与文字中的秘密。同时联系自己的生活体验明白只有勇于探索并持续不断努力才能获得成功的道理，对学生们具有非常重要的教育意义。通过任务三：绘制一份"追梦"故事集，鼓励学生通过多样化的表达形式续编故事，培养创新能力与语言表达能力。总结梳理绘本故事阅读方法，能运用所学方法阅读同类型的绘本，培养学生的阅读兴趣，积累阅读绘本类书籍的经验。

【教学设计】

喜观鸭子骑车，勇逐梦想花开

——《鸭子骑车记》整书汇报交流

一、学情分析

第一学段的学生虽然年龄较小，但好奇心强，对挑战和冒险有极大的兴趣。他们能阅读浅显的课外读物，能与他人交流自己的感受和想法，喜欢直观、生动的教学形式。因此，图文并茂的绘本是最佳的阅读材料。绘本能生动形象并且具体化地把阅读的故事描绘出来，能够充分调动学生的感官，加深其对故事情节的理解。特别是绘本的配图，大胆的笔触，传神的表情，鲜艳的色调，与内容有机融合在一起，能充分调动学生阅读的兴趣。

二、教学内容

任务二——品味一段"骑行"之旅

三、教学目标

1. 借助提示把故事讲清楚，加上动作、表情等把故事讲精彩，提高口头表达能力。
2. 运用图文结合、表格统整的方法，对比动物的想法、表情、行动，读懂故事内容。

3. 通过合作探究，联系生活，明白绘本蕴含的道理，激发勇于尝试的勇气。

四、教学重难点

运用图文结合、表格统整的方法，对比动物的想法、表情、行动，读懂故事内容。

五、教学准备

教师准备：

课件、磁铁小黑板。

学生准备：

学生反复读《鸭子骑车记》，讲、演故事内容。

六、教学过程

导入：回顾已学任务，引入本课内容

这段时间，我们一起读了绘本《鸭子骑车记》，通过讲、演故事的方式去感受了鸭子骑车独有的快乐。

活动一：聚焦骑行之路，感受鸭子逐梦勇气

（一）借助提示把故事讲清楚

1. 瞧，小鸭子就是沿着这条路骑行的，他在骑车过程中都遇到了哪些小动物？

2. 小鸭子先遇到谁，后遇到谁，赶快来给动物们排排队吧！

（引导学生梳理动物们的出场顺序。）

3. 在这条路上，小鸭子与动物们之间发生了怎样的一件事呢？

（生简单讲述故事主要内容。）

小结：真能干！通过理清动物们的出场顺序，就把故事讲完整啦！

（二）突出想法把故事讲精彩

1. 看，这只鸭子骑车经过母牛、绵羊、狗和猫身边时，作者大卫是这样写的。

小声读读这4段文字，看看这几段话有什么相同的地方呢？

预设：①都是先写的鸭子遇到的动物，并与他们打招呼。

②都写了小动物们回应的叫声，和他们内心的想法。

师：通过观察，我们发现了藏在文字中的秘密：每段话的结构都是一样的。

2. 擦亮眼睛，再仔细看看，还有哪些不同的地方呢？

预设：①我发现每个动物的叫声不一样

②每个动物看到鸭子骑车心里想的也不一样。

师：会观察，会发现！小动物与鸭子打招呼的语言与想法都不一样。

3. 那小动物们都有怎样的想法呢？借助黑板上表格的提示赶快去书中找一找吧！

（生翻书找一找，汇报完善表格。）

遇见谁	想法
母牛	一只鸭子在骑车？这可是我见的最愚蠢的事！
绵羊	要是不小心，他会受伤的！
狗	这可是真功夫！
猫	我才不会浪费时间去骑车呢！
马	你还是没我快，鸭子！
鸡	你看着点路，鸭子！
山羊	我真想吃那辆车子！
猪	鸭子真爱出风头！
老鼠	我真想像鸭子那样骑车！

4. 动物们对待鸭子骑车这件事都有自己的想法。赶快选择一个你最喜欢的小动物，和同桌讲一讲这个故事吧！讲故事的时候，如果能加上动作，带上表情，把动物们的想法讲精彩，那就更棒了！

5. 故事火车开来了！选择你最喜欢的小动物，一起来讲一讲这个故事吧！

小结：你们真会讲故事！不仅能关注动物不同的想法，还加上了表情、动作。像这样，我们的故事就讲得绘声绘色啦！（板贴：绘声绘色讲故事）

【设计意图】《义务教育语文课程标准》要求第一学段的学生，尝试阅读整本书，并能用自己喜欢的方式向他人介绍读过的书。通过设计多种方式讲故事，逐步引导学生把故事讲完整，讲具体，讲生动。

活动二：细观人物形貌，发现梦想踊跃于心

（一）对比想法

1. 对于同样一件事，动物们为什么会产生不一样的想法呢？咱们以母牛故事为例来看看吧（出示母牛图文），母牛的想法是什么？母牛为什么这样想啊？

预设：①鸭子走路都摇摇摆摆，怎么可能骑车呢？

②自行车那么大，鸭子那么小，这种做法太蠢了。

师：所以，母牛觉得鸭子骑车很——愚蠢（板贴：骑车　愚蠢）

瞧，我们通过看图画和文字，用一个词语概括出了母牛对这件事的看法。你能像这样也用上一个词语来概括其他动物们的看法吗？赶快和同桌讨论讨论吧！

（生讨论后汇报。）

遇见谁	想法	看法
母牛	一只鸭子在骑车？这可是我见的最愚蠢的事！	愚蠢
绵羊	要是不小心，他会受伤的！	担心
狗	这可是真功夫！	赞叹
猫	我才不会浪费时间去骑车呢！	看不起
马	你还是没我快，鸭子！	看不起
鸡	你看着点路，鸭子！	惊吓
山羊	我真想吃那辆车子！	羡慕
猪	鸭子真爱出风头！	批评
老鼠	我真想像鸭子那样骑车！	向往

2. 对于鸭子骑车这件事，小动物们的看法都不一样，有羡慕，有向往，也有看不起、批评。为什么不同的动物看法会有这么大的差异呢？请你联系绘本中的图文，与小组同学说说吧！（生讨论后，全班交流。）

预设：①因为猫平时总是懒洋洋的，又爱睡懒觉，所以他觉得鸭子骑车是在浪费时间。

②马跑得快，所以他觉得鸭子骑车没什么了不起，还是没有他快。

师：原来，每个动物的性情特点不同，对这件事的看法也就不一样。

遇见谁	想法	看法	
母牛	一只鸭子在骑车？这可是我见的最愚蠢的事！	愚蠢	
绵羊	要是不小心，他会受伤的！	担心	看法不同
狗	这可是真功夫！	赞叹	性格不同
猫	我才不会浪费时间去骑车呢！	看不起	
马	你还是没我快，鸭子！	看不起	

遇见谁	想法	看法	
鸡	你看着点路，鸭子！	惊吓	看法不同 性格不同
山羊	我真想吃那辆车子！	羡慕	
猪	鸭子真爱出风头！	批评	
老鼠	我真想像鸭子那样骑车！	向往	

4. 动物们的看法各不相同，大多数动物都不赞同他的做法，就连鸭子自己也认为骑车是一个——疯狂的主意。（板贴：疯狂的主意）

（二）对比表情

1. 可后来他们的看法有变化吗？

PPT（左边）组图：猫、马、猪看鸭子骑车　（右边）看见空车图

预设：①马睁大了眼睛，死死地盯着自行车，可能在想：要是我能骑上自行车就好了！

②猪的眼睛里充满了渴望，他们也好想骑车呀！

③猫站在高高的柱子上，他一定也想和小鸭子一样骑车呢。

小结：此时，动物们想要骑车的热情早就被鸭子调动起来了，他们不甘心只是看着，他们也想骑车。（板贴：骑车）

（三）对比行动

1. 对于骑车这个新技能，小鸭子和动物们都有很大的变化。请你根据学习单的提示，分小组合作学习，感受动物们骑车前后行动的差异哟！

"小鸭子"学习汇报小组：

①用"——"勾画出鸭子骑车变化的语句，看看有什么发现？

②鸭子骑车过程中，心里想了什么？与小组同学交流一下。

"动物们"学习汇报小组：

动物们骑车前后发生了怎样的改变？你可以借助表格的提示，口头说一说哟！

动物	表情的变化	心理的变化
猫		
马		
猪		
……		

2. 小组汇报：

小鸭子学习小组：

预设：①左摇右晃——骑得好多了——蹬得快一点了——单脚站到车座上——撒开车把

②小鸭子骑车动作越来越熟练

③我从鸭子的表情中感受到鸭子骑车坚定，很开心！

师：是啊，小鸭子觉得骑车：真好玩！（板贴：真好玩）

动物学习小组：

预设：①猪也不再瞧不起骑车这件事了。他们此时骑着双人自行车，开心地笑着。

②原来马对鸭子骑车看不起，现在也骑得开心极了。

③猫不像刚才那样懒洋洋的了，他现在骑得比狗还快！

师：此时，动物们最大的感受是：真快乐！（板贴：真快乐）

小结：同学们，我们一边读文字，一边看图画，（板贴：图文结合探秘密）   就发现了故事中的秘密。我们在读其他绘本的时候，也可以用上这样的方法哟！

【设计意图】《义务教育语文课程标准》指出：义务教育阶段要激发学生读书兴趣，要求学生多读书，读好书，读整本书，养成良好的阅读习惯，积累整本书阅读的经验。在设计教学活动时，通过图文对照，对比阅读，合作交流等方式，培养学生养成良好的阅读习惯，帮助学生掌握阅读方法，积累阅读经验。

活动三：对比骑行前后，领会大胆逐梦之美

1. 通过合作，我们发现：小鸭子和动物们都在悄悄地发生着改变。动物们开始都认为鸭子骑车是一个——疯狂的主意，可骑上车后，他们却异口同声地说："鸭子，你的主意真棒！"（贴：主意真棒！）

2. 为什么他们的看法会发生这么大的改变呢？

预设：①因为动物们也和鸭子一样，勇敢地去尝试骑车。

②他们也从骑车这件事情中感受到了成功的快乐。

小结：是的，原本不愿，不敢尝试的他们，也和鸭子一样在勇敢尝试中，感受到了骑车的快乐！（板贴：勇于尝试。）

3. 在生活中，你有哪些大胆的尝试，又有怎样的收获？

小结：从小动物们的身上，我们得到了启示。以后我们在读故事时，也可以联系自己的生活，读懂故事中藏着的道理。（板贴：联系生活明启示）

【设计意图】阅读教学应该着力培养学生自主感受、理解、欣赏和评价的能力，通过梳理绘本图画和文字中所透露出来的信息，并结合自己已有的生活体验，从故事中获得启发。

活动四：联系自我生活，开启生命逐梦之行

作业1：

1. 经过尝试后的动物们，都很开心，那刚骑上自行车的那一刻（出示母鸡骑上车后的截图），这只母鸡的表情是怎样的？

师：那她看小鸭子骑车时，也是害怕。这两个害怕一样吗？

预设：①看到鸭子骑过来，母鸡害怕鸭子撞着她。

②当她自己骑上车的时候，她好紧张，害怕自己会摔倒。

2. 她那么害怕，为什么还要去骑车呢？

3. 骑过车后的母鸡还会害怕吗？如果我们要把母鸡骑过车后的样子画下来，你会怎么画呢？为什么？

预设：①她高高地仰着头，嘴里还不断地"咯咯咯"地叫着，好像在炫耀呢。

②她大步地走在草地上，扑闪着翅膀，恨不得飞起来呢！

4. 好期待你们画笔下的那只骑过车后的母鸡！你也可以选其他的动物，课后去画一画她们骑过车后的样子哟！

作业2：

师：看，这只鸭子此刻正看着一台拖拉机出神。猜猜他在想什么？——开车！那一定是精彩的故事。课下，你还可以和小伙伴们一起去创编一下这个故事哟！创编完后，你还可以找来《鸭子开车记》读一读！

【设计意图】义务教育语文课程的实施应从学生生活实际出发，创设丰富多样的教学情境，设计富有趣味性、挑战性的学习任务，激发学生好奇心、想象力和求知欲。以上活动通过任务驱动，利用多样化的表达，激发学生创作的欲望。

课堂小结：

这节课我们学到了读绘本的方法，借助故事中动物的出场顺序讲清楚了故事，突出动物的想法，加上动作与表情把故事讲得更精彩了，成为讲故事能手。我们还借助表格，观察图文，梳理出了动物们对鸭子骑车这件事的看法，并发现了藏在绘本中的秘密。最后还联系自己的生活实际，从小动物们的身上明白了道理。课下，咱们也可以运用今天所学到的方法，去阅读更多的绘本故事，去探索书中的奥秘！

七、板书设计

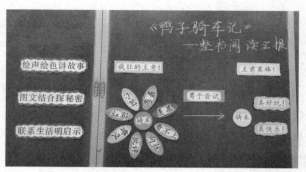

（建议年级：小学二年级）

撷一片梦想花瓣，描一幅成长画卷

——《七色花》任务群教学设计

成都棠湖外国语学校　付蓉

【书籍简介】

　　《七色花》是苏联作家瓦·卡达耶夫于 1940 年创作的短篇童话。本书讲述了一个善良可爱的小女孩珍妮，她偶然得到了一朵神奇的七色花。七色花帮助珍妮变回了被小狗吃掉的面包圈，还原了打碎的花瓶，到达了男孩子们向往的北极，但是她并没有感到快乐。她用最后一片花瓣来帮助小朋友维嘉恢复健康后，找到了真正的快乐。

　　《七色花》是小学二年级"快乐读书吧"中的推荐书目。这个童话故事语言简洁明快，情节生动有趣。书中配有丰富的插图，能够帮助学生更好地理解故事内容，增加阅读的乐趣。故事中的七色花具有神奇的魔力，能够实现愿望，这为学生提供了广阔的想象空间，激发他们的创造力和想象力，有利于培养他们创新的能力。故事文字中明显的反复结构又为学生认识目录、讲清故事、进行创编提供了条件。

【任务群教学设计】

一、学习主题和内容

（一）学习主题

撷一朵梦想的花瓣，描一幅成长的画卷

（二）学习内容

《七色花》

二、学习目标与课时安排

（一）学习目标

1. 了解本书的基本信息，认识书中人物，初步了解故事内容，与伙伴分享自己印象深刻的故事情节。

2. 借助表格提取的关键信息，把故事情节讲清楚、讲完整。

3. 能联系生活、借助故事支架，参与小组交流，创编 2—3 个连贯的故事情节。

4. 参与讨论交流，能前后对比，体会到幸福是为他人付出。

5. 能创编自己的"七色花"故事，并展示分享。

6. 运用学到的阅读方法，自主阅读《神笔马良》《愿望的实现》，分享读书感受，提升阅读能力。

（二）课时安排

5 课时

三、学习情境

亲爱的同学们，你心里一定藏着许多美丽的梦想吧！如果有种魔法，可以让你的梦想实现，你最想实现什么梦想呢？有个小姑娘，她得到了一朵神奇的七色花，就可以帮助她实现梦想呢！这节课，让我们走进"快乐读书吧"，共同阅读故事——《七色花》吧！

四、学习任务与学习活动

学习任务与学习活动设计

主题情境	学习任务	学习活动	课时安排
撷一片梦想花瓣，描一幅成长画卷	任务一：认识"七色花"，感受七彩梦	1. 了解"花"的信息，认识花的主人。 2. 猜读精彩情节，激发赏"花"热情。 3. 自主阅读书籍，分享"花"的迷人。	2—3

主题情境	学习任务	学习活动	课时安排
撷一片梦想花瓣，描一幅成长画卷	任务二：细赏"七色花"，探秘七彩梦	1. 梳理花瓣顺序，讲清"花"的故事。 2. 借助编写目录，串联"花""梦"讲述。 3. 统整"花"的信息，发现"花"的密码。 4. 运用习得方法，创编"花"的故事。	2
	任务三：展示"七色花"，讲述我的梦	1. 讲述我的"七色花"，晒晒我的七彩梦。 2. 评选最美"七色花"，展出我的快乐梦。	1

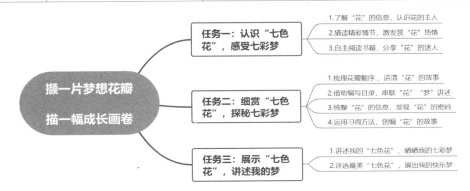

五、过程性评价与单元测评

过程性评价与单元测评设计

评价类型	内容	基本标准
过程性评价	认识"七色花"，感受七彩梦	1. 能了解本书的基本信息，认识书中人物，初步了解故事内容，感知人物形象。 2. 通过趣味情节竞猜，对阅读有所期待。 3. 能与学习伙伴分享印象深刻的故事情节。
	细赏"七色花"，探秘七彩梦	1. 能按照三个要素，概括故事内容。 2. 能根据插图猜出故事情节，并接龙讲述。 3. 能通过梳理情节，初步认识目录，了解目录的作用。 4. 能整合信息，发现故事情节之间原因与结果的关联，从而发现推动故事情节发展的奥秘。 5. 能参与讨论并前后勾连，体会到帮助他人能得到幸福。 6. 能联系生活、借助故事支架，创编2—3个连贯的故事情节。

续表

评价类型	内容	基本标准
单元测评	展示"七色花"，讲述"我"的梦	1. 回顾阅读和学习过程，展示自己的创作成果。 2. 评选优秀作品，分享所获得的启发。 3. 能迁移运用本书的阅读策略，自主阅读《神笔马良》《愿望的实现》。

六、资源与工具

（一）资源

《七色花》书籍、音频资源等。

（二）工具

阅读闯关卡、过程性评价量表、情节思维导图等。

七、设计说明

《七色花》这个故事的重点是写珍妮怎样使用七色花的。通过导读激发阅读期待，指导学生自主阅读后与学习伙伴分享感受最深的故事情节。借助文中插图，梳理故事情节，让学生对目录有初步认识；再经过梳理探究，将阅读进行深化；运用所学方法，让学生独立创编故事；最后进行课外拓展，鼓励学生继续阅读。在一系列的学习活动中，提升学生的语文学习能力，从而感悟出对他人的无私帮助可以让自己获得幸福。

过程性评价要求学生在整本书的阅读过程中，通过观察、对比、讨论、统整等方式梳理和展示自己在目录、故事情节等方面的阅读体验和阅读收获，并能整合信息，发现推动故事情节发展的方法，并用在自己的创作中去。单元测评要求学生分享展示自己创编的"七色花"故事，用所学方法自主阅读其他同类作品。

【教学设计】

撷一片梦想花瓣，描一幅成长画卷

——《七色花》整书汇报交流

一、学情分析

二年级学生社交能力和语言能力都有了一定的发展，想象能力强，求知欲浓厚。

而且大多数学生都喜欢阅读，能享受阅读的乐趣。他们喜欢篇幅短小、文字活泼的故事，善于模仿，对新知识的吸收能力较强。有一定的语言表达能力，但在准确性及完整度上还需要指导。

二、教学内容

任务二——细赏"七色花"，探秘七彩梦

三、教学目标

1. 借助表格提取关键的信息，把故事情节讲清楚。

2. 初步认识目录，并借助目录完整讲述故事。

3. 联系生活、借助故事支架，创编2—3个连贯的故事情节，进而创编自己的"七色花"故事。

4. 前后勾连，体会到帮助他人能得到幸福。

四、教学重难点

1. 初步认识目录，并借助目录完整地讲述故事。

2. 能联系生活、借助故事支架，创编2—3个连贯的故事情节，进而创编自己的"七色花"故事。

五、教学准备

教师准备：
课件、黑板贴。
学生准备：
1. 阅读故事1—2遍。
2. 了解本书的基本信息，认识书中角色，有印象深刻的情节。

六、教学过程

导入：回顾已学任务，引入本节课内容

亲爱的同学们，这几天我们走进"快乐读书吧"，分享了一个好听的故事，这个故事的名字叫——《七色花》。我们了解了故事内容，也认识了一个可爱的小女孩珍妮。这节课就继续我们的阅读之旅吧！（生齐读课题。）

活动一：梳理花瓣顺序，讲清"花"的故事

1. 回顾故事，概括讲述

跟随着图片我们重温这个童话故事吧！（PPT播放图片，生观看。）

（在学生发言时注意引导，能说出"谁用什么颜色的花瓣去做了什么事情"。）

故事的主人公叫什么名字？（珍妮）

是关于她的什么故事呢？谁能用简洁的语言来说说？

预设：珍妮得到一朵七色花，她用七色花去实现了七个愿望。

2. 借助插图，梳理情节

（1）逐幅出示插图：这是哪个故事？（答案相对明晰，可以逐一出示，学生集体作答。）

（2）故事接龙，完整讲述

这朵神奇的七色花带给我们一个神奇的故事。看着插图我们一定能把这个故事讲精彩！一起来"故事接龙"吧！谁来当故事大王？

【设计意图】"故事大王"的设定激发学生的表达欲望，激活课堂氛围。

学生上台，按故事情节发展的顺序站立，依次讲故事。讲完后把相应的花瓣贴在黑板上。

你喜欢谁讲的故事呀？学生评价，教师引导：①不用背诵原文，用自己的话来讲就好；②句子讲完整，尽量加上表情和动作。

老师接着讲故事结尾：奇迹发生了——维嘉的腿好了！

【设计意图】展示初期成果，检验学生阅读效果，推进阅读进程，提高阅读兴趣，同时训练学生的口头表达能力。

活动二：借助编写目录，串联"花""梦"讲述

1. 情节梳理

同学们，读懂这个故事了吗？咱们来对照表格说一说！珍妮使用什么颜色的花瓣，实现了什么愿望？（开火车接龙汇报。）

表1

次数	什么花瓣	什么愿望
第一次	黄花瓣	回家去
第二次	红花瓣	修花瓶

次数	什么花瓣	什么愿望
第三次	蓝花瓣	到北极
第四次	绿花瓣	回院子
第五次	橙花瓣	要玩具
第六次	紫花瓣	送玩具
第七次	青花瓣	帮维嘉

（学生通常会用书中的句子来回答，老师要带着学生提炼，并对照表格，用简短完整的句子来表述。）

这个故事中一共写了珍妮的几个愿望？虽然每次用去的花瓣颜色——（不同），每次要实现的愿望也——（不同），但是结果这些愿望都——实现了（师生对答）！同学们对故事情节了解得真清楚！

2. **认识目录**

如果我们把每一列单独提取出来，再加上页码，就可以成为这本书的目录。（出示三种目录，如果你来选择，你觉得用哪个目录更好呢？）

预设：第二个目录更好，因为一看就知道文中有哪些精彩的情节，也更方便阅读了。（言之成理即可）

下课后请同学们把自己的目录标注在故事书前面。

【设计意图】叶圣陶先生说："读书先看目录，看一遍至少对于全书有了概括印象，进而能对阅读材料作出取舍。"不管是读哪种版本的童话书，首先要学会看目录。

3.关联原因，完整讲述

珍妮的第一个愿望是——带着面包圈回家，为什么会有这个愿望呢？

预设：面包圈是带给妈妈和弟弟的，却被狗吃了，自己又迷了路，找不到回家的路了。

我们把它填进了表格里，你还能试着填出珍妮其他愿望的原因吗？请你选择一个故事讲给你的同桌听！（生自由选择、讲述。）

表 2

次数	原因	什么愿望	什么花瓣
第一次		回家去	黄花瓣
第二次		修花瓶	红花瓣
第三次		到北极	蓝花瓣
第四次		回院子	绿花瓣
第五次		要玩具	橙花瓣
第六次		送玩具	紫花瓣
第七次		帮维嘉	青花瓣

汇报：加上原因再讲故事。

【设计意图】统整表格信息，关联"原因""什么愿望""什么花瓣"等要素，降低了故事讲述的难度，让学生的语言表达训练有了支架，对故事推进的逻辑也有了初步认知。

活动三：统整"花"的信息，发现"花"的密码

1. 出示故事（到北极）：你看，因为没人与珍妮玩，所以她产生了愿望——去北极，去了北极才发现有了新的困难——太冷啦，还有猛兽，珍妮又产生了新的愿望——回家。

再看这个故事（要玩具）：珍妮羡慕别的小朋友有玩具，所以她产生了愿望——要玩具，有了玩具又有了新困难（或苦恼）——太多啦！珍妮再次产生了新的愿望——送玩具回家。

师小结：同学们瞧，遇到困难——产生愿望——实现了愿望，又有了新的困难——新的愿望……故事就这样越来越精彩了！

【设计意图】通过阅读，知道故事推进的基本思路，了解故事结构相似性的特点，为后面的学生创作作铺垫。

对比思考：

思考：这么多的小故事里，你最喜欢哪个故事呢？

从你们交流中，我发现了一个有趣的现象。（PPT 出示）你看，这是珍妮前几次念口语时的表现，你发现哪个动作出现得最多？

预设："扔出去"。

再看，这是最后一次使用花瓣时珍妮的表现。还这么随意吗？（不是）

你是从哪里看出来的？

预设：找到句子"小姑娘说着这些话，非常小心地把最后的一片青色花瓣撕下来，把它在眼上贴了一下，然后松开手指，用那幸福得颤抖了的细声音唱起来。"

故事中用了一个词语来表达珍妮此时的心情——（生：幸福），为什么她会感到幸福呢？

预设：前面的六片花瓣都是为了自己许下的愿望，只有最后一片花瓣是为了帮助维嘉。

小结：看来，帮助别人能够得到——幸福！

【设计意图】通过抓字词细节，让学生领会到珍妮情感的变化，既是对学生精神情感的引导，也渗透了对学生阅读方法的指导。

活动四：运用习得方法，创编"花"的故事

1. 同学们，如果你有这样一朵七色花，你会用哪片花瓣、解决你的什么困难，实现你的什么愿望呢？带上这把打开秘密的金钥匙，你也可以成为写作高手哦！（PPT 出示）

思考提示：想一想，生活中我最大的苦恼是什么？（预设：作业太多？与小伙伴闹矛盾？爸爸妈妈不理解我，不答应我的请求？……）所以，你最想实现的愿望是什么？会不会又遇到什么新的困难呢？

2. 四人小组合作，选定一个问题讨论，并以写关键词的方式记录。

3. 学生拿出题单，讨论交流。全班汇报。

4. 回顾总结，分享启发：

亲爱的同学们，今天，我们经历了一段美妙的童话之旅。尽管我们无法拥有一朵可以实现愿望的七色花，但我们每个人心中都有一颗梦想的种子，当我们用爱心去浇灌它，用真诚去呵护它，这颗种子就会生根发芽，开出最美丽的花朵！

【设计意图】如果仅停留在本书的情节之中，那么学生的"学"就比较肤浅。需要学以致用，在练习中及时予以巩固。因为方法清晰，任务又紧贴生活，学生很有兴趣，创编也就能顺利进行了。

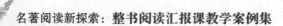
七、板书设计

撷一片梦想花瓣，描一幅成长画卷

——《七色花》整书汇报交流

（建议年级：小学二年级）

解读"蚯蚓日记"密码，发现绘本日记秘密

——《蚯蚓的日记》任务群教学设计

成都棠湖外国语学校　　付蓉

【书籍简介】

　　《蚯蚓的日记》是一本极为有趣的绘本，它通过小蚯蚓的视角，记录了日常生活中的点点滴滴。书中语言幽默风趣，配以生动活泼的插图，让学生很有阅读兴趣，同时也能潜移默化地学习到许多知识。

　　对于低年级的学生来说，《蚯蚓的日记》不仅能够激发他们的好奇心，增进他们对蚯蚓习性的了解，也能培养他们的观察力和感受力，从而提高审美能力和创造力。处于写话起始阶段的学生善于模仿，找到好的模仿范本比单纯的说教效果好很多。在阅读这本书的过程中，引导学生通过对比，感知绘本日记的基本元素。师生共同经历绘本日记的创作过程，将创作绘本日记的步骤条理化、清晰化。再尝试创编绘本日记，学生的阅读素养、创作能力得以有效提升。

【任务群教学设计】

一、学习主题和内容

（一）学习主题

发现绘本日记的秘密

（二）学习内容

《蚯蚓的日记》

二、学习目标与课时安排

（一）学习目标

1. 在老师引导下了解本书的基本信息，与同伴分享自己印象深刻的情节。
2. 了解绘本日记的基本要素，培养观察、发现和归纳的能力。
3. 激发创作绘本日记的热情，运用所学方法创编自己的绘本日记。
4. 运用所学绘本阅读的方法，阅读同类书籍。

（二）课时安排

5 课时

三、学习情境

我们的地球如此辽阔。高山、平原、河流、峡谷、森林在地球上广泛分布，高大威猛的狮子，来去自如的猫咪，憨态可掬的大熊猫以及那些拥有"特异功能"的变色龙，都给我们留下过深刻印象。那么，亲爱的同学们，你见过潜藏于泥地、偶尔才探出身子的蚯蚓吗？你是否想象过一只小小的蚯蚓在土壤里会怎样生活呢？如果你对这些问题充满好奇心，打开《蚯蚓的日记》吧，有趣的故事即将开始！

四、学习任务与学习活动

学习任务与学习活动设计

主题情境	学习任务	学习活动	课时安排
解读"蚯蚓日记"密码，发现绘本日记秘密	任务一：开启绘本日记之旅	1. 了解基本信息，认识绘本人物。 2. 自主阅读书籍，交流阅读收获。	1
	任务二：寻找绘本日记之秘	1. 分享有趣日记，欣赏精彩图文。 2. 找出基本元素，了解图文互补。 3. 欣赏日记内容，发现文字秘密。 4. 师生合作学习，完善日记创作。 5. 借助环衬图片，巩固创作方法。	2
	任务三：传递绘本日记之乐	1. 运用习得方法，续编"蚯蚓日记"。 2. 展示精彩日记，评选优秀编者。 3. 迁移"蚯蚓日记"，记录"我"的生活。	2

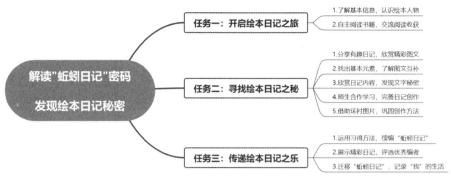

五、过程性评价与单元测评

过程性评价与单元测评设计

评价类型	内容	基本标准
过程性评价	开启绘本日记之旅	1. 能在老师引导下，了解本书的基本信息。 2. 有阅读的热情，能自主阅读，认识绘本中不同角色，并能与同伴分享自己印象深刻的情节。
	寻找绘本日记之秘	1. 了解绘本日记的基本元素，感受图文互补的特点。 2. 能发现文字用几句话、分段写的方式来清楚表达，并借助吐白、标识等方式增添趣味。 3. 选择环衬中的一个情景，能在老师指导下运用所学方法，完善绘本日记创作。
单元测评	传递绘本日记之乐	1. 能运用习得的方法，续编"蚯蚓日记"。 2. 展示精彩日记，评选优秀编者，互相学习。 3. 能对所学方法进行迁移运用，记录自己的生活。

六、资源与工具

（一）资源

绘本《蚯蚓的日记》、音频资源等。

（二）工具

检测闯关卡、过程性评价量表、绘本日记创作单等。

七、设计说明

二年级是写话的起始阶段。在本书教学设计中，先激发学生的阅读热情，引领他们走进蚯蚓小弟的地下世界。通过对比，感知绘本日记的基本元素；在老师的引领下，将创作绘本日记的步骤条理化、清晰化；以小组合作的方式尝试创编绘本日记；然后对照标准提出建议、表达看法；再借助支架回顾方法，迅速组织语言进行个性化创作；最后将自己创作的作品进行分享，形成班级日记集，让学生获得极大的满足感。

过程性评价要求学生在整本书阅读过程中，通过观察、发现、讨论等方式主动梳理绘本日记的基本要素，分享自己的阅读体验，并及时调整和改进自己的阅读方法，提高阅读效果。单元测评要求学生能对所学方法进行迁移运用，记录自己的生活，为后续的整本书阅读积累经验。

【教学设计】

解读"蚯蚓日记"密码，发现绘本日记秘密

——《蚯蚓的日记》整书汇报交流

一、学情分析

小学二年级的学生 7—8 岁，这个年龄段的学生好奇心强，对自然界充满好奇。大多数学生在这个阶段愿意参与集体活动，喜欢与同伴分享交流。同时，他们已经具备了一定的识字量和阅读能力，但对于复杂概念的理解还需要通过具体形象的事物来辅助。《蚯蚓的日记》语言简洁明快，内容贴近生活，容易引起学生的共鸣。书中大量色彩鲜艳、生动有趣的插图有助于吸引学生的注意力，加深对内容的理解。

二、教学内容

任务二——寻找绘本日记之秘

三、教学目标

1. 了解绘本日记的基本元素，感受图文互补的特点。
2. 明白让文字清楚表达、富有趣味的方法，培养观察、发现和归纳的能力。
3. 激发创作兴趣，选择环衬中的情景，运用所学方法，完善绘本日记创作。

四、教学重难点

了解绘本日记的基本要素。明白让文字清楚表达、富有趣味的方法。运用所学方法，完善绘本日记创作。

五、教学准备

教师准备：

课件、黑板贴。

学生准备：

阅读绘本1—2遍。

了解本书的基本信息，认识书中角色，有印象深刻的情节。

六、教学过程

导入：回顾已学任务，引入本节课内容

亲爱的同学们，这段时间我们开启了绘本日记之旅，读了《蚯蚓的日记》这本书，认识了蚯蚓小弟，了解到蚯蚓生活中的好多趣事，带给我们阅读的无限快乐和无穷趣味。这节课我们继续走进这本书，探索藏在书里的乐趣。

活动一：分享有趣日记，欣赏精彩图文

1. PPT出示精彩图文：这本书为什么这么有趣呢？今天咱们就来找找蚯蚓小弟日记里的秘密吧！（板贴）

2. 要顺利地找到秘密，可少不了这三样宝贝：一是亮眼睛，二是灵耳朵，三是小巧嘴。（出示"亮眼睛""灵耳朵""小巧嘴"的图片。）

准备好了吗？我们出发吧！

【设计意图】用"亮眼睛""灵耳朵""小巧嘴"的方式，激发学习兴趣，并引导学生认真观察，仔细聆听，清楚表达。

活动二：找出基本元素，了解图文互补

1. PPT出示蚯蚓小弟的日记：3月29日我教蜘蛛学本领；4月15日吃掉回家功课；6月15日嘲笑姐姐。（PPT出示这3则。）重温这些日记——你发现蚯蚓小弟的这几则日记有什么相同之处了吗？

预设：

生1：我发现每则日记里既有图画，还有文字。

小结：是的，蚯蚓小弟创作的绘本日记，有文字描写的有趣故事，还有非常生动的配图。绘本日记要做到——图文结合。（板贴：图文结合）

生2：我发现每一则上都标注有日期。

小结：你的眼睛真亮！写日记，首先要写上当天的日期。写日期有不同的方式，

你可以像小弟这样写上"×月×日"，也可以加上"星期×"，还可以写上天气情况呢！（随着介绍，PPT出示这三种不同的形式。）

2. 咱们的日记可以写些什么内容呢？我们来看蚯蚓小弟的这些日记。这是整本日记的内容：有些记录的是与家人之间的事情；有些记录的是与朋友之间的事情；有些记录的是与陌生人、与老师同学之间的事（随PPT出示）。

看，蚯蚓小弟每天的日记写的都是——那天发生的一件事。这是些什么样的事呢？让我们走进蚯蚓小弟的日记吧！谁来读一读？

（PPT逐一出示每则日记，请生读。）

你觉得这件事情怎么样？

预设：这件事情很有意思；这件事情很搞笑；这件事情很难忘……（相应板书）

小结：生活中每天发生的事情有很多，但是蚯蚓小弟选择了最有意思、最搞笑、或最难忘的一件事情来写。（板书：一件事）

【设计意图】学生要掌握日记的基本格式，这是写好日记的基础。引导学生充分观察蚯蚓小弟的日记，从直观的画面中找出基本元素：图文结合、标注日期，内容是写一件事情。

活动三：欣赏日记内容，发现文字秘密

1. 那么，选择了这件有意思的事情之后，蚯蚓小弟是怎么把它写清楚的呢？（出示3.29日这则日记。）以这则日记为例，咱们先来看看写的是一件什么事情？

预设：蚯蚓教蜘蛛钻地。

小结：是的，蚯蚓小弟写的是自己教蜘蛛钻地这件有趣的事。

2. 蚯蚓小弟是怎么把这件事写清楚的呢？请看文字（PPT出现文字），谁来读一读？（生读）蚯蚓小弟用了几句话来写这件事？

预设：（三句）而且把每句话作为一个段落。

小结：是的，蚯蚓小弟用三句话，分段来写，就把这件事情写清楚了。

（板书：几句话　分段写）

3. 蚯蚓小弟日记里的这件事写完了，可是只有文字，这还不是绘本日记，还不够生动有趣。看，蚯蚓小弟还给这些文字配上了精美的图画。有文有图，图文结合，这个故事比较有趣了！

4. 要让绘本日记变得更有趣味，你看蚯蚓小弟又做了什么？——加上吐白（PPT出示）。

咱们读读吐白，你发现吐白里的话都是谁说的？（生汇报）

吐白，就是把这件事里的人可能说的话或心里的想法写出来。（再出示几处吐白，生汇报。）

这样就让我们仿佛走进蚯蚓小弟的故事里去了，绘本日记也更有意思了。

5. PPT 出示另外一则"做通心面项链"：在这则日记里还多了什么？（标识）

读一读标识，里面写的什么呢？

预设：写怎么做通心面的。

小结：这个标识把做通心面的过程分几步写了出来。其实，绘本里的标识除了可以写事情的过程步骤，还可以写出做这件事应该注意些什么。（PPT 出示其他标识内容——注意事项。）

6. 引导回顾：现在，蚯蚓小弟的绘本日记创作成功啦！你喜欢这样的日记吗？我们来回顾一下，蚯蚓小弟的创作方法是什么呢？

合作梳理：首先，选择一天里印象最深刻的一件事来写。接着，可以用几句话、分段来把这件事情写清楚。最后，为了让绘本日记更有趣，可以在配上插图后加上吐白，把人物可能会说的话、心里的想法写出来。还可以加上标识，写出做这件事情的步骤或是要注意的事项。这样，一则有趣的绘本日记就完成啦！这就是藏在绘本日记里的秘密！

【设计意图】基于学生现阶段有限的认知能力，要直接走进文字谈发现是很困难的，因此要将问题予以分解，在一步步的师生交流中，学生也逐步了解绘本日记有趣的原因，为后续学习作铺垫。

活动四：师生合作学习，完善日记创作

1. 通过上节课的交流，我们知道了绘本日记的创作秘密，接下来，就轮到我们一试身手啦！敢挑战吗？（PPT 出示 4 月 1 日："蚯蚓没办法倒立走路"）

师：谁来读一读？（一生读）

同学们，咱们对照黑板上的标准，要让这则日记清楚、有趣起来，看看还差些什么呢？（生浏览）

预设：没有用几句话分段把这件事写清楚；没有吐白，没有标识。

引导：那我们怎么来帮助它呢？第一步要做的是——

预设：

生1：用几句话分段把这件事写清楚。

生2：加上吐白，写出蚯蚓小弟和蜘蛛说的话或心里的想法。

生3：还可以加上标识，写出做这件事的过程或要注意的地方。

2.PPT逐步出示、强调：

第一步，要把这件事情说清楚，必须得用——几句话，分段写（图中长方形方框）。

第二步，观察小伙伴的表情、动作，把他们可能会说的话、心里的想法写在吐白当中（图中椭圆形泡泡）。

第三步，蜘蛛老师是怎么教的呢，学倒立的步骤是什么？或者要注意什么？我们可以在标识上写出来（图中梯形部分）。

3. 二人小组合作，进行创作：生拿出练习题单（4月1日这则），小组讨论，一生执笔，老师巡视。

4. 作品展示，引导评价：

（1）标准1：是否写得清楚（进行星级评价）

预设：没有写清楚。原因可能是句子没有说完整；表达时不能用"蚯蚓"而应该用"我"；没有写几句话……

师生合作修改。

（2）标准2：是否写得有趣味（进行星级评价）

有没有吐白？

有标识吗？写的是什么呢？（生读）

预设：写的是教蚯蚓倒立的步骤／注意事项（如果不完整，师生合作一起补充至完整。）

小组合作，交流讨论，
帮蚯蚓小弟把4月1日这则
日记写得更有趣。

1. 几句话把事情说清楚：★★★
2. 吐白：★★
3. 标识：★★
4. 句子说得有意思：★★★

6. 读了同学的作品，也拿出自己的作品读一读。如果有不满意的地方，就拿起笔改一改吧！

【设计意图】学生变换身份，以"蚯蚓小弟"的经历来完善4月1日这则日记，在教师的引导下学习难度不大，也助力学生深入理解把日记写清楚、写出趣味的方法。

活动五：运用环衬图片，巩固创作方法

1. 老师一施魔法，你们都变身成了蚯蚓小弟啦！（PPT出示环衬里图片。）其实蚯蚓小弟还有好多日记没有创作完呢！

创设情境：亲爱的蚯蚓小弟，你最喜欢哪个情景呀？（生自由发言。）

看来，蚯蚓小弟的生活深深地吸引了我们。不过，要把绘本日记写得清楚，写得有趣，还得记住创作的秘密哦！

方法回顾：第一步，必须得用几句话，分段写。第二步，把人物可能会说的话、心里想法写在吐白当中。第三步，可以添加标识，去提醒一些步骤及注意事项。

2. 生选择一幅图片进行创作，老师巡视，标注。

3. 学生上台展示、利用评价标准进行评价。

用几句话分段写（4星）——吐白（2星）——标识（2星）——语句有意思（2星）

【设计意图】始终抓住图文结合写一件事，运用将日记写清楚、写得有趣味的方法进行创作、评价、修改，学生对此方法就有更清晰的认知，学习所得就会更加深刻。

蚯蚓小弟的生活当中还会有哪些有趣的事情呢？亲爱的小作家们，咱们回家再独立创作一份图文兼美的蚯蚓日记吧！

【设计意图】日记是个人情感的一种记录方式。课后训练不仅是方法的巩固，也可以调动学生的学习积极性，激励他们关注生活，有意识地了解大自然，在进行语文学习的同时更能感受到生活的广阔，给学生们埋下热爱生活的种子。

七、板书设计

发现绘本日记的秘密

——《蚯蚓的日记》整书交流

图　　一件事：好玩　难忘　有趣……

文　　写清楚：几句话　分段写

结　　添趣味：吐白　标识

合

（建议年级：小学二年级）

跟随木偶赴奇遇，寻获成长金钥匙

——《木偶奇遇记》任务群教学设计

成都棠湖外国语学校　陈云吓

【书籍简介】

　　《木偶奇遇记》是 19 世纪意大利作家卡洛·柯罗提创作的一部经典童话，首次发表于 1880 年。这部作品讲述了一个名叫匹诺曹的木偶想要变成一个真正的小男孩的故事。匹诺曹为了成为真正的男孩，经过一系列的冒险和挑战，变得诚实、勤劳、善良和无私，最终实现了自己的愿望。

　　这本书的主题是成长与教育，不仅讲述了一个木偶变成小男孩的奇幻故事，还深刻地探讨了成长、诚实和勇气等主题，是一部充满想象力和教育意义的经典作品。通过匹诺曹的成长过程，传达了教育和自我改善的重要性，以及父母对孩子成长的期望和爱。

　　阅读《木偶奇遇记》，既可以通过刺激惊险的故事情节激发学生对阅读的兴趣，又让他们深刻地感受到成长的不易，明白爱与责任的重要性，从故事中的善行与恶果学习怎样区分善恶，深刻理解"真善美"。同时，在阅读与研讨过程中培养了孩子们的自主学习和独立思考的能力，在分享交流时极大提升了他们的语言理解和表达能力。这样的学习经历不仅让学生享受阅读的乐趣，还引导了他们的深入思考和自我反思，从而使他们成为更好的人。

【任务群教学设计】

一、学习主题和内容

（一）学习主题

跟随木偶赴奇遇，寻获成长金钥匙

（二）学习内容

《木偶奇遇记》

二、学习目标与课时安排

（一）学习目标

1. 根据阅读计划自主阅读《木偶奇遇记》，了解故事梗概，能用自己的语言概述故事的主要内容，激发学生对励志类童话故事的阅读兴趣。

2. 能借助思维导图厘清人物关系，梳理以匹诺曹为中心展开的重要故事情节，体会故事中传递的"真善美"。

3. 学习运用表格、情节曲线图等方式统整信息，探究匹诺曹的成长经历，总结成长的秘密。懂得一个人要想真正成长起来，不仅要面临多方诱惑、经历颇多磨难，还需要亲朋好友的帮助，更重要的是自己要有觉悟才行。

4. 运用学到的阅读童话的方法，拓展阅读其他童话书籍。

（二）课时安排

8—10 课时

三、学习情境

同学们，木头大家见得多，可是，会说话的木头见过吗？有一个会说话的木头，他不仅贪玩儿、逃学、爱撒谎，还到处闯祸，他因为说谎鼻子变得老长，他因为好吃懒做变成了一头驴子，还差点被买主剥了驴皮……这么调皮捣蛋的他，愿望却是成为一个真正的人。他的愿望会实现吗？让我们跟随意大利著名作家卡尔洛·柯罗提的脚步一起走进《木偶奇遇记》中寻找答案吧！看看这个调皮捣蛋的木偶男孩，最终到底成没成为一个真正的男子汉？

四、学习任务与学习活动

学习任务与学习活动设计

主题情境	学习任务	学习活动	课时安排
跟随木偶赴奇遇，寻获成长金钥匙	任务一：聊"木偶"，开启奇遇之旅	1. 创设情境，激"木偶"之趣。 2. 借助封面，知"木偶"信息。 3. 查看目录，猜"木偶"趣事。 4. 示范引导，拟阅"偶"计划。	1
	任务二：会"木偶"，感受奇遇之妙	1. 充分自主读，入"奇遇"之境。 2. 聊奇遇之最，品"奇遇"之趣。 3. 绘思维导图，厘"奇遇"历程。	3
	任务三：赏"木偶"寻获成长密钥	1. 现"奇遇"过程，测阅读效果。 2. 抓"变人"前后，观品行变化。 3 统"奇遇"信息，探成长之路。 4. 融"奇遇"现实，获成长金钥。	2
	任务四：展"木偶"，延伸成长之路	1. 借助方法，阅读同类书籍。 2. 分享故事，交流成长感悟。 3. 手绘角色，展成长 COS 秀。 4. 奇思妙想，创木偶新奇遇。	3

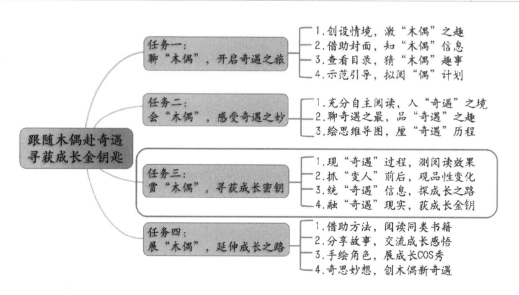

五、过程性评价与单元测评

过程性评价与单元测评设计

评价类型	内容	基本标准
过程性评价	聊"木偶"，开启奇遇之旅	1. 能借助封面，了解故事的基本信息。 2. 会根据目录大胆猜测匹诺曹在奇遇过程中发生的有趣的事情。 3. 可以根据老师的要求，制订阅读计划，并按计划展开阅读。
	会"木偶"，感受奇遇之妙	1. 能依照"阅读任务单"上的重要信息，结合自己对故事的了解，提出疑问，和同伴交流。 2. 会以"匹诺曹"为中心绘制人物关系图及思维导图，理清楚重要人物之间的关系及发生的主要事件。 3. 可以绘制人物经历图表，梳理匹诺曹成长的原因。
	赏"木偶"，寻获成长密钥	1. 能根据出示内容，快速猜出故事中的人物及情节。 2. 可以通过小组合作，讨论匹诺曹变人前后的不同，发现他的品行从开始的坏，慢慢变得越来越好了。 3. 会整合信息，从匹诺曹的亲身经历和自身觉醒，总结成长之路的艰难与秘诀。 4. 会联系生活实际，谈谈自己的感受，获取成长密码。
	展"木偶"，延伸成长之路	1. 能运用所学阅读方法，阅读同一类别的书籍。 2. 可以绘制思维导图，并借助导图分享精彩故事内容。 3. 能绘制人物角色图卡、制作道具，大胆重现故事情节。 4. 能积极参与讨论，发表自己的意见，同时汲取各方建议，提升自己的理解能力和表达能力。
单元测评	"畅游童话世界"读书分享会	1. 能回顾所学内容，总结阅读方法，掌握阅读技巧。 2. 能借助表格、思维导图、情节曲线等方法把故事讲清楚，懂得成长的过程是坎坷的。 3. 能在班级"阅读交流会"上进行展示、分享自己的读书笔记及读书心得等，领悟成长的密钥。

六、资源与工具

（一）资源

《木偶奇遇记》书籍、多媒体图片、视频等。

（二）工具

阅读计划表、阅读闯关题、导学单、过程性评价量表、情节思维导图（人物关系和故事情节）、摘录书签、阅读评价量表等。

七、设计说明

《木偶奇遇记》是意大利作家卡尔洛·柯罗提创作的童话，故事是以匹诺曹为中心人物展开的，分三个板块：匹诺曹的诞生；遇到危险，得到亲朋好友帮助；最终成为真正的小男孩。教学中，首先借助图片、封面及目录等，预测故事内容，理清故事脉络，并通过制订阅读计划，开展"争做阅读小能手"活动，激发学生的阅读兴趣。在对文本有了一定的了解后，让学生通过翻看目录表讲述故事情节，达到检测的目的，关注精彩片段，引导学生细细品读人物形象，通过自制思维导图，梳理出以匹诺曹为中心的人物关系，为下一步学习打下基础。通过猜人物、猜故事等形式检测学生对本书主要内容的熟悉程度，通过分小组合作的方式，探讨出匹诺曹变人之前和变人之后的品行，以表格的方式统整信息，并联系生活，明白每个人都是要经历很多磨难、受到无数阻碍，反复磨炼，再加上自己不断努力，最终坚定了意志力才能真正地成长。

【教学设计】

跟随木偶赴奇遇，寻获成长金钥匙

——《木偶奇遇记》整书汇报交流

一、学情分析

通过前面的学习，学生对童话这一体裁已有一定的感性认识，对童话有着浓厚的阅读兴趣。学生能通过梳理信息，简单讲述故事的主要内容，能抓住关键词句体会感悟，运用所学知识进行讨论交流，三年级学习的重点是细致地感受童话故事中丰富而奇特的想象，从而对童话这种文学体裁进行深入的学习。因此，本次教学，选择《木偶奇遇记》来进行阅读交流，主要是想让学生学习如何通过自制思维导图了解故事梗概及梳理人物关系，通过制作情节曲线梳理清楚故事内容，通过统整信息提高总结的能力，知道如何才能成为"诚实善良、勤劳上进"的好孩子。

二、教学内容

任务三——赏"木偶"，寻获成长密钥

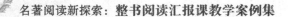
名著阅读新探索：整书阅读汇报课教学案例集

三、教学目标

1. 通过读书，进一步激发学生阅读课外书的兴趣。

2. 自主阅读童话故事，感受丰富的想象，体会故事中传递的"真善美"。

3. 运用看特点猜人物，根据情节猜故事、梳理人物关系等方法，回顾故事的大概内容。

4. 通过研究匹诺曹的成长经历，学生可以知道每个人的成长之路都是坎坷的，需要不断改进，最终做一个"诚实善良、勤劳上进"的好孩子。

四、教学重难点

通过研究匹诺曹的成长经历，学生可以知道每个人的成长之路都是坎坷的，需要不断改进，最终做一个"诚实善良、勤劳上进"的好孩子。

五、教学准备

教师准备：

课件、导学单、资料。

学生准备：

《木偶奇遇记》、思维导图。

六、教学过程

导入：回顾已学任务，引入本课内容

同学们，这段时间通过对《木偶奇遇记》的学习，我们借助封面了解了人物信息，抓住精彩片段，感受了人物特点，绘制思维导图，理清了故事情节，今天，咱们开启"赏'木偶'，寻获成长密钥"之旅。

活动一：现"奇遇"过程，测阅读效果

1. 谈话

师：首先，老师来考考你们对故事到底熟不熟悉，敢接受挑战吗？

师：第一关，看特点猜人物。

2. 看特点猜人物

①他的鼻尖儿总是又红又亮，像个熟透了的樱桃，大伙叫它樱桃师傅。（安东尼奥）

②一个挺精神的小老头，他的那一头黄色的假发很像玉米糊，因此他有一个外号

062

叫"老玉米糊"。他脾气很大，谁叫他外号，谁就会倒霉。（杰佩托）

③这个人个头很大，长相凶恶，让人看上去就害怕。他有一把黑色的大胡子，很长很长，像围裙似的盖住整个胸口和两条腿，一直拖到地上，他的嘴像炉口一样大，两只眼睛像两个点着火的灯泡。他拿着一根用蛇和狼尾巴做的鞭子，不时甩得啪啪响。（吃火人）

师：看特点猜人物难不倒你们，根据情节猜故事呢？

3. 读情节猜故事

①"你想要你的金币加倍多吗？"

"你这话是什么意思呢？"

"你现在只有五个金币，你想让它们变成一百个，一千个，两千个吗？"

"那肯定想呀！但是要怎么变呢？"

"很简单，你先不要回家，跟我们走。"

"你们要把我带到哪里去？"

"带你去傻瓜城。"（P53 猫和狐狸）

②匹诺曹早晨醒来，当他自然而然地伸手去抓头时，却发现他的两只耳朵变得比手掌还大。

于是他马上去找镜子照，但是怎么都找不到镜子，因此他就在洗脸架上的洗脸盆里倒上水。他往水里一看，却看见了他永远不想看见的事情，他看见他的头上添了一对妙不可言的驴耳朵。一开始他又哭又叫，甚至拿脑袋去撞墙。但是他发现他越是绝望，耳朵长得越大，最后耳朵尖都长出毛来了。（P162 木偶变成驴）

师：看情节猜故事也难不倒你们，那谁可以按照出场顺序给书中的典型人物排排序呢？

4. 给典型人物排序

杰佩托→匹诺曹→吃火人→猫和狐狸→仙女→小灯芯（→人）　（用话把人物串起来说）

师：看来，大家对人物也非常了解。

课前同学们分别以人物关系和以人物经历为主线做了思维导图，谁先来给我们讲一讲以人物关系为线索的思维导图呢？

5. 借助思维导图讲故事

①以人物关系讲（只讲关系，不评述。）

生 1 讲

师：大家看，他以匹诺曹为中心人物，把人物关系都讲清楚了。谁再来讲一讲以人物经历为主线的思维导图？

②以人物经历讲：做情节线，只讲大事件。

生2讲

师：同学们，咱们借助思维导图就了解了故事的内容。匹诺曹在成长过程中，遇到了不同的人，他们之间的故事奇特生动。

陈老师结合他们的思维导图做了一个情节曲线图，你们能看着图用一句话来说说这本书讲了一个什么故事吗？

生：这本书讲的就是匹诺曹从木偶变成人的故事。

师：看着这句话，你有什么疑问吗？

生质疑：为什么他能从木偶变成真正的人呢？

过渡：是啊，他的成长之路是怎样的呢？今天，咱们就来研究研究。

为了研究，我们把曲线图变成表格（出示变化及结果），仔细看，蓝色框的都是什么？（故事发生的地点），黄色框的都是什么？（故事中的主要人物）

【设计意图】以谈话入手，激发学生对"奇遇之旅"的兴趣。通过看特点猜人物、读情节猜故事、根据思维导图讲述故事梗概等方式，检测学生对故事内容的熟悉程度，帮助学生重现书中人物及故事情节，为下个环节作铺垫。

活动二：抓"变人"前后，观品性变化

1. 那么，首先来看他变人之前和变人之后，分别是什么样子的，都有哪些品性？分组讨论。

提示：①按照分配内容进行小组讨论。

②用关键词语填写。

表1

	到哪里	遇到谁	怎么做的	品性	总结
匹诺曹—变之前	家里	杰佩托	捏爸爸鼻子；抓爸爸头发	调皮	有好有坏
		蟋蟀	不听劝告，砸死蟋蟀	不听劝	
	马戏团	吃火人	卖书看马戏，差点被烧死；救同伴；收金币，准备给爸爸买新衣	任性善良	
	傻瓜城路上	猫和狐狸	种金币被骗入狱	轻信	

	到哪里	遇到谁	怎么做的	品性	总结
匹诺曹—变之前	树林里	仙女	隐瞒藏金币的地方	撒谎	有好有坏
	勤劳蜜蜂国	拉煤人、砌墙人、仙女	不劳动，要（讨）钱未果	懒惰	
	玩儿国	小灯芯	天天玩，变成驴	贪玩	
	鲨鱼肚子	金枪鱼、爸爸	带爸爸逃跑	勇敢	

生汇报

师：请把他相对应的品性贴到黑板上。

2. 师：仔细观察，他变人之前的品性，有什么特点？

生：有好的品性，也有坏的品性。

表2

	遇到谁／到哪里	做了什么	品性
匹诺曹—变之后	被金枪鱼救之后	亲了金枪鱼	感恩
	再次碰到猫和狐狸	不理睬、继续赶路	坚定
	再次见到蟋蟀	行礼、说话客气	礼貌
	为爸爸	换牛奶；编草篮草筐、带爸爸散步	孝顺勤劳
	到邻村	买书，晚上读书写字	好学、刻苦
	遇到蜗牛	把自己买新衣服的钱给仙女治病	付出、责任

生汇报

师：请你找到对应的品性贴到黑板上。

师：再看他变人之后的品性，又有什么特点呢？

生：全都是好的品性。

3. 师：从匹诺曹变人之前到变人之后的品性，你觉得有什么变化？

生：从坏品性慢慢变成好品性。

师：是啊，从开始的有缺点也有优点，到后来他的坏毛病都没有了，他变得越来越好了，他成长了，原来成长就是不断完善自己，克服自己身上的缺点。

贴词条：完善自己。

【设计意图】通过小组讨论的方式，引导学生如何从文本出发，寻找关键信息，进行有效整合，讨论交流，在思维的碰撞与摩擦中归纳总结，发现人物的品质是从坏到好的一个过程。

活动三：统"奇遇"信息，探成长之路

（一）观察经历，探索成长秘密

师：可是，他为什么能获得这样的成长呢？就让我们去看看匹诺曹都经历了什么？（突出经历一栏）

	到哪里	遇到谁	做了什么事	作用	经历了什么	品性	总结
匹诺曹—变之前	家里	杰佩托	雕刻了匹诺曹卖上衣给匹诺曹买课本；为找匹诺曹，掉进海里	疼爱包容	捏爸爸鼻子抓爸爸头发	调皮	有好有坏
		蟋蟀	劝告匹诺曹听爸爸的话	劝告	砸死蟋蟀，不听劝告	不听劝	
	马戏团	吃火人	差点把匹诺曹烧死	帮助	卖书看马戏，差点被烧死；救同伴；收金币，准备给爸爸买新衣	任性、善良、孝顺	
	傻瓜城路上	猫和狐狸	引诱匹诺曹，骗取金币，把他吊在树上	诱惑欺骗伤害	种金币被骗入狱	轻信	
	树林里	仙女	救下匹诺曹；耐心劝告他喝药；原谅匹诺曹，认他做弟弟；为他举办成人早宴……	教导救助陪伴包容	隐瞒藏金币的地方	撒谎（不诚实）	
匹诺曹—变之前	勤劳蜜蜂国	拉煤人、砌墙人、仙女	给匹诺曹喝水，教他学会劳动	教导救助	不劳动，要（讨）钱未果	懒惰	有好有坏
	玩儿国	小灯芯	引诱匹诺曹到玩儿国，变成驴子	引诱	天天玩，变成驴	贪玩	
	鲨鱼肚子	金枪鱼、爸爸		帮助	带爸爸逃跑	勇敢	

师：仔细观察表格中匹诺曹的经历，你看出了什么？

引导：他卖书看马戏，差点被烧死；种金币却被骗入狱；天天玩，变成驴。他的经历是怎样的？用一个词形容就是？

预设：坎坷、艰难、不顺利、倒霉……

这些都是磨难，所以匹诺曹的成长是经历了很多磨难的。（贴板书：经历磨难。）

（二）挖掘人物，发现成长密钥

1. 师：他不仅经历了很多磨难，还遇到了各种各样的人。（凸现人物一列，变红。）请看人物这一栏，如果让你给这些人物进行分类，你会怎么分？

生：好人、坏人

2. 师：这些坏人都做了什么事情？给匹诺曹造成了什么影响呢？快翻书看看。

师：看来，这些坏人（给匹诺曹带来的都是）——欺骗、引诱、伤害。换句话说就是，匹诺曹的成长过程要面临这些坏人给他带来的？——诱惑（贴：面临诱惑、受到伤害）

3. 这些坏人这么坏，是不是可以把它们全都删掉呢？为什么？（不可以。）

预设1：可以

师：那如果没有这些反面人物，匹诺曹就可以顺顺利利地成为真正的男孩吗？会出现什么情况？

生：身上所有的坏习惯得不到改正……

师：是的，有这些反面人物并不一定是坏事，反而对匹诺曹的成长起到了促进作用，正所谓吃一堑长一智，没有磨难就不会真正成长起来。

看来，面临诱惑，经历磨难，甚至受到伤害，都是匹诺曹成长的必经之路。

预设2：不可以。

师：为什么？

生：删除反面人物，匹诺曹就没有任何阻碍，没有阻碍他就得不到教训，更不可能改正自己的坏毛病了。

师：是啊！没有这些阻碍和磨难，他就不可能改掉自己身上的坏毛病，更不用说成长了，正所谓吃一堑长一智。只有自己经历了磨难，吃尽了苦头，他才能彻底改正。看来，面临诱惑，经历磨难，甚至受到伤害，都是匹诺曹成长的必经之路。

4. 师：坏人让匹诺曹吃尽了苦头，那好人又做了什么事情，对他的成长起到了什么作用呢？

任选一个好人，同桌讨论，填写表格3（表格凸显好人及所做的事情，概括起到的作用。）

师：是呀！这些好人都是匹诺曹的？——亲人或朋友，对他耐心教导，疼爱包容、帮助劝告，就是在他们的陪伴呵护下，匹诺曹才得以成长，所以，你觉得成长需要什么？——亲人朋友的陪伴与呵护。（贴板书：陪伴呵护。）

5. 说到亲人，总是让我们想到一个人，始终陪伴着匹诺曹成长，她是——（仙女）每次她都是在什么时候出现的？

生：都是在匹诺曹生命遇到危险的时候。

师：没错，并且妈妈每次都要反复嘱咐他要做个好孩子。

6. 那是不是在面临引诱，遇到危险的时候，有妈妈的陪伴，朋友的相助就可以了呢？

生：不是，还得靠自己。

师：是呀，亲人朋友的陪伴呵护固然重要，可是自己不努力也白费。

（三）关注自身，寻找成长秘诀

1. 那匹诺曹从驴子再次变回到木偶之前，他自己是怎么做的呢？请拿出材料单，快速浏览，也可以看大屏幕，重点关注红色字体。

师：在这几则材料中，你发现匹诺曹再次变回木偶之前，都是怎么做的？

生：每次都是后悔，都在反思，但是都是嘴上说说而已。

师：由此我们可以看出，虽然匹诺曹只是口头说说，感到后悔，但是他说这些话就证明，他在反思自己的行为，并且有一颗想变好的，积极向上向善的心。

师：再来看，当他重新变回木偶之后，他还只是说说而已吗？

生：不是。

师：那他有什么改变？（师引导生说他做的事情。）

看表格。

	遇到谁 / 到哪里	做了什么	品性
匹诺曹—变之后	被金枪鱼救之后	亲了金枪鱼	感恩
	再次碰到猫和狐狸	不理睬、继续赶路	坚定
	再次见到蟋蟀	行礼、说话客气	礼貌
	为爸爸	换牛奶；编草篮草筐、做座椅车带爸爸散步	孝顺、照顾勤劳
	到邻村	买书、晚上读书写字	好学、刻苦
	遇到蜗牛	把自己买新衣服的钱给仙女治病	付出、责任

师：现在的他已经真正意识到自己的错误，不仅有反思，还有了行动，所以成长需要？——付诸行动。（贴词：付诸行动）

（四）面对诱惑，对比前后反应。

1. 师：不仅如此，细心的同学一定会发现：其实在他面临诱惑的时候，前后的反应也是不一样的，请同学们翻开书第53页，144—148页，191—192页看看这三段对话，有什么发现？也可以看大屏幕。

出示P53（被猫和狐狸骗）、P144—148（找到小灯芯）、P191—192（再次见到狐狸和猫）。

2. 师：看了这三段对话，你发现了他前后有什么变化？

生：匹诺曹刚开始时很容易就相信别人，后来不会轻易相信别人。

生：第一次遇到狐狸和猫时，他轻易就相信，再次面对他们时，就非常坚定，不被欺骗了。

3. 师：匹诺曹开始被猫和狐狸骗时——容易相信

小灯芯怂恿他一起到玩儿国的时候——不轻易相信

再次见到猫和狐狸的时候——坚定不动摇

4. 师：是呀，生活中面对诱惑时，我们会很容易动摇，这是很正常的。但是经历了这些之后，匹诺曹的信念就非常坚定了，看来，想要真正地成长就必须自己有坚定不动摇的信念。

贴板书：坚定信念

【设计意图】引导学生梳理信息，通过观察、讨论、统整等方法，促使学生与文本对话，与作者对话，培养学生自主学习与探究的能力，让学生真正成为课堂的主人，同时，也为以后阅读整本书打下基础。

活动四：融"奇遇"现实，获成长金钥

1. 同学们，通过研究匹诺曹的成长之路，我们知道了成长的过程会经历很多磨难，面临很多诱惑，甚者会受到伤害，这时，我们需要亲人朋友的陪伴与呵护，更重要的还得自己付诸行动，并有坚定不动摇的信念。才能不断地完善自己，最终得以真正成长。

2. 同学们，学习了匹诺曹的成长故事后，联系生活实际，你们认为成长还是什么？还需要什么？

老师希望你们在成长路上也能经受得起磨难与诱惑，通过实际行动让自己变得越来越优秀。

【设计意图】学习以习得运用并内化为自己的能力为最终目的，因此，这里设计了联系生活实际这一环节，目的是让学生把所学知识真正变成自己成长道路上的正向催化剂。

七、板书设计

跟随木偶赴奇遇，寻获成长金钥匙

——《木偶奇遇记》整书汇报交流

任性	勇敢	完善自己	感恩、礼貌
贪玩	善良	经历磨难	孝顺、勤劳
撒谎	孝顺	诱惑伤害	刻苦、好学
懒惰	天真	陪伴呵护	责任、付出
		付诸行动	
		坚定信念	
		……	

（建议年级：小学三、四年级）

【附件1】

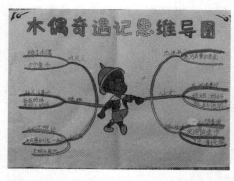

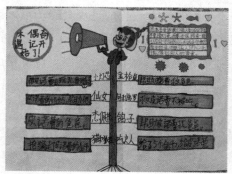

跟着校车去旅行，探秘神奇水世界

——《神奇校车·水的故事》任务群教学设计

成都棠湖外国语学校　韩黎

【书籍简介】

《神奇校车·水的故事》是《神奇校车》系列丛书中的一本，是美国国家图书馆推荐给所有学龄前儿童和小学生的课外自然科普读物，也是全美最受欢迎的儿童自然科学图书系列，曾荣获波士顿环球图书奖，美国《教育杂志》非小说类神奇阅读奖。它以童话的形式带着儿童跟着弗瑞丝老师和他的学生一起进入神奇的科学之旅。绘本的故事情节生动，语言幽默，内容有趣易懂，适合对小学生进行科学启蒙。

通过阅读《神奇校车·水的故事》，让学生在一次次不可思议的神奇旅行中，经历水的不同形态变化，了解我们平时使用的水是如何进行净化并输送到千家万户的。既提升了阅读能力，又培养了科学的探究精神。

【任务群教学设计】

一、学习主题和内容

（一）学习主题

跟着校车去旅行，探秘神奇水世界

（二）学习内容

《神奇校车·水的故事》

二、学习目标与课时安排

（一）学习目标

1. 通过阅读绘本，了解故事的主要内容并交流，激发学生对水世界的探索兴趣。

2. 通过绘制思维导图，了解水的变化及净化过程；了解文中的专用术语、梳理"水的真相"，初步了解水的一般知识，培养爱护水资源，造福人类的意识。

3. 拓展阅读《神奇校车》系列、《水知道答案》《森林报》等科普读物，在阅读探究中培养学生的质疑能力、动手能力、观察能力，养成自觉主动的探究意识。

（二）课时安排

3—4 课时

三、学习情境

亲爱的同学们，你们见过"神奇校车"吗？你们能想象乘上"神奇校车"有怎样的神奇之旅吗？那我们也一同登上"神奇校车"，跟着弗瑞丝老师和他的学生一起进入神奇的科学之旅吧。在这里，你们会打开新的阅读视角，开启不一样的阅读体验，你们可以了解水的循环变化，你们可以探索人们对水的净化和利用，了解到更多关于水的知识。还等什么？让我们快快出发吧！

四、学习任务与学习活动

学习任务与学习活动设计

主题情境	学习任务	学习活动	课时安排
跟着校车去旅行探秘神奇水世界	任务一：开启水世界的神奇旅程	1. 自主阅读，了解神奇的旅程。 2. 复述故事，体会探秘的神奇。	1
	任务二：了解水世界的神奇知识	1. 画出水的旅行，讲述水的神奇循环。 2. 了解专用术语，理解水的神奇知识。 3. 梳理水的真相，丰富水的特性认知。	2
	任务三：延续水世界的解密行动	1. 观察水的现象，发现生活中水的神奇。 2. 提出水的疑问，再探水世界的奇趣。 3. 拓展阅读书籍，延续水世界的研究。	1

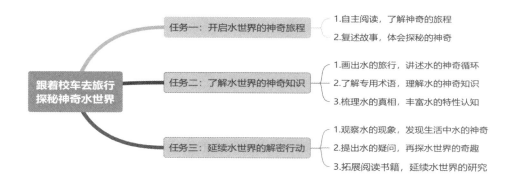

五、过程性评价与单元测评

过程性评价与单元测评设计

评价类型	内容	基本标准
过程性评价	开启水世界的神奇旅程	1. 能借助已学的图文结合、预测等阅读方法自主阅读书籍，了解故事的内容。 2. 能通过阅读检测、复述故事等方法梳理故事内容，体会故事的神奇。
	了解水世界的神奇知识	1. 结合自己的阅读，梳理并绘制出水的旅行线路图，讲述水的循环。 2. 借助查一查、问一问等方法了解书中的专用术语，深入理解文本。 3. 能合作学习，并梳理出水的真相，尝试运用提问策略进一步探索文本内容。
	延续水世界的解密行动	1. 在阅读后进行自主实验探究，观察身边水的各种现象并组内交流自己的发现。 2. 勇于提出自己的质疑，小组内交流自己的实践探究成果，并用自己喜欢的方式进行呈现展示。 3. 拓展阅读《水知道答案》，继续完成水世界的其他探索。
单元测评	"水世界的神奇之旅"分享会	1. 能在阅读过程中合理选择并运用适合的阅读方法，并阅读后积极反思和改进。 2. 能在阅读交流中向同伴展示、分享自己的阅读成果、探索过程，交流读书心得、读书经验等。 3. 能运用这本书的学习方法阅读其他的科普类读物，进行更多的探索。

六、资源与工具

（一）资源

《神奇校车·水的故事》机器系列书籍、《水知道答案》《森林报》等科普读物、音频资源、有声图书等。

（二）工具

阅读计划、阅读闯关题、过程性评价量表、水的旅行思维导图、实验计划表、阅读评价量表等。

七、设计说明

《神奇校车·水的故事》以简明诙谐、充满童趣的语言，系统介绍了水的循环变化，以及人们对水的净化和利用。学生通过自主阅读此书，了解故事的主要内容。教师创设自由阅读、快乐分享的阅读氛围，学生在交流与分享中，了解水的一般知识，培养对水世界探索的兴趣，总结科普类绘本的基本阅读策略。通过设计表格、思维导图等形式梳理故事内容，了解水的变化和特性，感受作品中人物神奇的形象，体会"神奇校车"的神奇之处。通过联系上下文，联系生活实际等方法，理解文本中专用名词的意思。结合自己对"水的真相"的梳理，积极思考，勇于质疑，敢于探究，能有目的地搜集资料，尝试运用语文并结合其他学科知识解决问题，并用不同的形式呈现自己的观察和探究所得。

【教学设计】

跟着校车去旅行·探秘神秘水世界

——《神奇校车·水的故事》整书阅读汇报交流

一、学情分析

三年级学生已经具备了独立阅读的能力，能够借助工具书、联系上下文等方法理解词句。在课文学习时，学生已经在三年级上册第七单元懂得了留心观察和探索大自然，在三年级下册第四单元的学习中，也了解了要养成观察时主动思考，提出问题；可以在实验时准确观察并记录等学习内容。所以在这时，安排补充阅读这类科普读物，既是对课本教学内容的实践和巩固，也是结合该年龄阶段学生的特点，安排的有意思的阅读和探索活动。

二、教学内容

任务二——了解水世界的神奇知识

三、教学目标

1. 通过绘制"水的旅行图",了解水循环的过程,激发学生对水世界继续探索的兴趣。

2. 通过了解文中的专用术语,初步了解水的一般知识,培养爱护水资源,造福人类的意识。

3. 梳理"水的真相",梳理总结科普类绘本的基本阅读方法,在阅读探究中培养学生的质疑能力,动手能力,观察能力,养成自觉主动的探究意识。

四、教学重难点

1. 通过了解文中的专用术语,初步了解水的一般知识,培养爱护水资源,造福人类的意识。

2. 梳理"水的真相",梳理总结科普类绘本的基本阅读方法,在阅读探究中培养学生的质疑能力,动手能力,观察能力,养成自觉主动的探究意识。

五、教学准备

教师准备:

教学 PPT、投影仪。

学生准备:

绘制"水的旅行图",课前自主探究的过程性资料。

六、教学过程

导入:畅谈阅读感受,激发阅读兴趣

(一)畅谈阅读感受

1. 这段时间,我们共读了"神奇校车系列"里其中的一本——《水的故事》。读了这本书,你最大的感受是什么?

生自由交流。预设:这书很有趣;告诉了我们很多科学知识;故事很神奇……

2.《神奇校车》这套绘本和我们之前读过的其他故事类绘本有什么不一样的地方?

生自由交流。预设:更有趣、更神奇、给我们讲了很多的科学知识。

3. 是的。《神奇校车》这套绘本和我们以前读过的其他故事类绘本有一些不一样。

它是用故事的形式告诉我们一个个有趣的科学知识，而且正如同学们所讲，它的故事也非常神奇。今天，我们就再次坐上"神奇校车"，一起走进奇妙的水世界，开启今天的神奇的探秘之旅吧。（板书课题）

【设计意图】《义务教育语文课程标准（2022年版）》中指出，在设计整本书教学时，应创设自由阅读、快乐分享的氛围，及时组织交流与分享，养成良好的阅读习惯，提高整体认知能力，丰富学生的精神世界。

（二）体会神奇的故事

1. （创设学习情境）弗瑞丝老师语音：嗨，同学们你们好！欢迎乘坐神奇校车，我是弗瑞丝老师。刚刚有同学说我们的《神奇校车》很神奇，那现在我就要来考考你们，你们发现了哪些神奇的地方？你们敢接受挑战吗？那现在我们就开启神奇之旅吧！

2. 弗瑞丝老师带来的挑战答题来了，看看谁能抢答成功。

测试一（选择题）：卷毛老师和同学们乘坐着神奇校车去自来水厂探秘，从隧道出来后发生了什么样的变化？生答（图片呈现）。师评：通过观察图画和阅读文字，神奇校车的神奇之处就被我们发现了。

测试二（连线题）：请把图片和内容对应连线。图1（变成雨滴落下来）；图2（在自来水厂完成净化）；图3（通过自来水管道回到学校）；图4（通过水库来到自来水厂）。生连线。师评：真是太神奇了，去探秘的我们居然也变成了水。

测试三（排序题）：你能把弗瑞丝老师和同学们去探秘水世界的过程按顺序排一排吗？生排序。

测试四（问答题）：第四题的难度越来越大了，敢挑战吗？你能根据图片顺序提示，把弗瑞丝老师和同学们"化身为水"去旅行的故事讲一讲吗？

生看图讲述。坐上校车去探秘→升到空中变成云→变成雨滴落下来→掉到小溪里流到水库→通过水库来到自来水厂→在自来水厂完成净化→通过自来水管道回到学校。

师评小结：谢谢你的讲述，弗瑞丝老师和同学们探秘水世界的故事可真神奇（板书：神奇的故事）。你觉得最神奇的地方是什么？生交流。

【设计意图】义务教育语文课程的实施，应从学生语文生活实际出发，创设丰富多样的教学情境，设计富有趣味性、挑战性的学习任务，激发学生好奇心，想象力和求知欲。

活动一：画出水的旅程，讲述水的循环

1. 过渡：同学们发现了吗？卷毛老师和同学们探秘水世界的故事，就是水是如何不断变化，最后流到我家的过程。那现在我们就来通过画出水的变化流程图，来梳理再现一下这神奇之旅的全过程吧。（板书：画出水的旅程）

2. 请同学们快速翻看绘本14—31页，同桌合作，把水的变化过程用图表的形式进行梳理完成学习题单一。完成后请和同桌交流交流。（生完成阅读和梳理。）

3. 反馈：师投影分享学生的作品，并交流思考的过程。（其他生根据同学的分享汇报翻看绘本或查看自己的梳理。）

4. 同学们，其实这个流程图在书中也有图文并茂的总结和展示。你知道在哪里吗？（生：在34、35页。）

5. 师：是的。我们读完后也可以参考书后面的总结页来梳理自己的收获。

活动二：了解专用术语，深入理解文本

1. 刚刚在同学们梳理这个流程图的时候，提到很多的专用术语，比如说：净化、水压等等。大家知道这些词的意思吗？弗瑞丝老师又要来考大家了，你知道什么是水循环吗？生交流，师追问：你是通过什么方法了解到的？（预设：读文本、查资料、结合生活实际……）

2. 是的，说得真好。要想读懂我们的科普类书籍啊，我们就必须了解阅读时遇到的一些专用术语（板书：了解专用术语）。我们可以留心书中的介绍或注释，也可以通过查资料、结合生活实际理解等等这些方法来了解这些专用术语。

3. 现在，就请你用上刚刚老师说的这些方法，了解一下这些专用术语，它们是什么意思呢？

出示表格（净化、杂质、水压），生了解交流汇报，师相机点评。师小结：了解了这些专用术语，再读这本书，书中丰富的知识（板书：丰富的知识），我们就会了解得更多了，更透彻了。

活动三：梳理水的真相，尝试提出问题

1. 卷毛老师为了让同学们更好地了解水，在带领同学们去探秘之前，要求同学们在图书馆整整泡了一个月，还要收集十个有趣的"水的真相"！谁来说一说同学们都收集了哪十个水的真相？（板书：梳理水的真相）（生交流，老师引导概括地说一说，PPT出示花状图。）

①（旺达）我们的身体大约 2/3 是由水组成的。（我们的身体大约 2/3 由水组成）P11

②（蒂姆）水是自然界中唯一能以液态、固态和气态三种形态存在的物质。（图片）（水的三种形态）P12

③（雪莉）你呼吸的空气里，就含有水分。你看不见它，因为它是以一种看不见摸不着的气体状态出现的，这种状态的水就是"水蒸气"。当水蒸发时，就会从液态转变成气态，然后上升到空气中。（空气中含有水蒸气）P14

④（弗洛丽）"云"其实就是水。越往高处去，空气就越冷。水蒸气升到高空时，冷空气会将它们凝结成小水滴，像雾中的水滴一样悬挂在空中，这就是云。（云是另一种形态的水）P17

⑤（菲尔）你知道吗？地球上所有的水都是被反复使用的。事情原来是这样的：水从湖泊、河流、海洋中蒸发，升到空中，形成云，然后再以雨和雪的方式回到地面上。这个过程就叫作"水循环"。（水的循环）P19

⑥（拉尔夫）在地球上，只有不到 1% 的淡水是可供人们利用的，它们存在于湖泊、河流、土壤湿气和埋藏相对较浅的地下水盆地。请记住，我们不能造水，只能珍惜水。（可用淡水不足 1%，我们要珍惜水）P23

⑦（莫莉）过滤后的水，并不一定就是干净的，水里可能有致病菌。（水里可能有病菌）P26

⑧（阿曼达）在北美洲，人们铺设的第一条输水管道是用中空的圆木做成的。而现在的输水管道，多是由水泥、金属或者塑料制成的。（水管是用什么做的）P27

⑨（阿诺）水压非常大，当水龙头打开时，不管你如何用力，都无法用手指堵住水流。（水压很大）P29

⑩（约翰）在美国，平均每个城市有五分之一的水是被漏掉的。（水的流失很多）P31

⑪（多罗茜）一些和水有关的词："水库"是储存水的地方。"净化"就是把水变干净的过程。"杂质"是指脏东西、灰尘或者病菌等不应该出现在一杯水里的东西。

（要想更深入地了解水的故事，还需要了解一些关于水的专用的词）P21、25

过渡：不梳理不知道，一梳理吓一跳。通过梳理笔记，我们发现原来平时天天都用到的"水"还有这么多秘密呢！

【设计意图】在阅读中，学生在老师的引导下通过梳理故事内容，感知人物的特点；通过画出流程图，了解文中呈现的知识内容；通过了解科普类文章中的专用名词的意思，更加深入了解文本；通过提出问题，形成自己的独立思考，培养会读书、会质疑的良好阅读习惯。

活动四：动手实践，探秘科学的方法

1. 同学们刚刚对水的真相提出了这么多自己的疑惑。你是用什么方法来解决自己的疑惑的呢？快跟你的同桌说一说吧。师巡视。

2. 谁愿意来分享一下自己探秘的过程？师相机点评并板书：你用了查资料、做实验等方法探寻了水的真相。

生分享自己的探秘过程，同类探秘内容的可补充展示说明。

呈现形式：生出示图片、视频、查阅的资料等，解说自己的探秘思考和探秘过程。

3. 师小结：我们要想了解科普读物中更多的知识，也可以用上这些科学的方法（板书：科学的方法）去观察、去实验、去查阅资料，去实地考察……（师补充板书）生交流自己探索水的真相的过程和思考（2—3人分享）。（收集学生探索过程的图文、视频等。）师相机点评、板书（你用了查资料、做实验等方法探寻了水的真相）。

【设计意图】整书阅读任务群中指出，学生在阅读完科普作品后，可以学习梳理作品基本内容，针对作品中感兴趣的话题展开交流，获得多样的阅读体验。

活动五：总结学法，拓展延伸

1. 师对照板书小结：同学们，今天这堂课，我们跟着弗瑞丝老师去阅读了他们探秘水世界的神奇故事，也了解了水世界的丰富的知识，还知道了阅读科普读物后，可以用这些科学的方法再去实践和探索，进行深入的研究。

2.《纽约时报》在评价《神奇校车》这套书时说："对于儿童而言，这是最新鲜有趣、最富创意想象的科学启蒙方式……"但是科学研究应该是严谨的，所以，在这本书的最后的38、39页，作者还写下了他的叮嘱，让同学们知道在这本绘本中，哪些部分是真的，哪些部分是作者的想象。也希望在读完这本绘本后，同学们能用上这些探索科学奥秘的方法，继续去阅读这套绘本的其他书籍和其他科普类读物。

【设计意图】鼓励学生从一本书到一类书，运用所学的阅读策略、探究技巧进行

拓展阅读，帮助学生进行知识内化，强化阅读训练并构建属于自己的阅读认知体系，从而提升语文核心素养。

七、板书设计

水世界的神奇之旅

——《神奇校车·水的故事》整书汇报交流

神奇的故事

丰富的知识　　　画出水的旅行

　　　　　　　　了解专用术语

　　　　　　　　梳理水的真相

科学的方法　　　观察　　查阅资料

　　　　　　　　实验　　实地考察

（建议年级：小学三年级）

【附过程性资料】

借助提示，梳理故事内容。

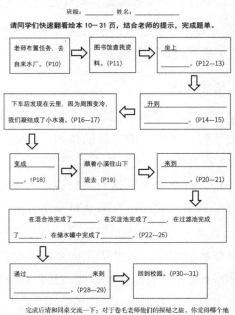

借助提示，完成水的旅行图（也可以自己梳理绘制）。

题单一

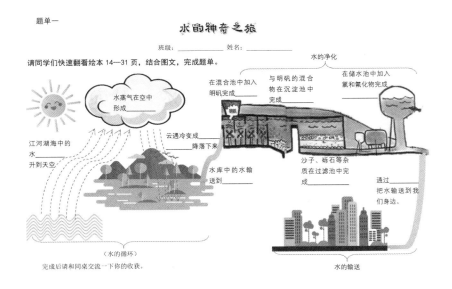

水的神奇之旅

班级：＿＿＿＿＿ 姓名：＿＿＿＿＿

请同学们快速翻看绘本 14—31 页，结合图文，完成题单。

水的净化

在混合池中加入
明矾完成＿＿＿＿

与明矾的混合
物在沉淀池中
完成＿＿＿＿

在储水池中加入
氯和氟化物完成
＿＿＿＿

水蒸气在空中
形成＿＿＿＿

江河湖海中的
水＿＿＿＿
升到天空

云遇冷变成
＿＿＿＿降落下来

水库中的水输
送到＿＿＿＿

沙子、砾石等杂
质在过滤池中完
成＿＿＿＿

通过
＿＿＿＿
把水输送到我
们身边。

（水的循环）

完成后请和同桌交流一下你的收获。

水的输送

081

唱响一支真情之歌，绽放一朵友谊之花

——《时代广场的蟋蟀》任务群教学设计

成都棠湖外国语学校　周波、方嘉仪

【书籍简介】

乔治·塞尔登的《时代广场的蟋蟀》是一本既有人物，又有动物的童话小说，故事讲述了一只来自乡下的小蟋蟀，在大都市纽约的时代广场艰难生存、成功出名和最后归隐返回乡下的传奇历程。故事内容想象丰富、奇特，人物特征鲜明，情节跌宕起伏，情感真挚动人。一只蟋蟀、一只老鼠和一只猫咪之间的真挚友情足以温暖这个冰冷的世界。任何读过这本书的人，无论孩子还是成人，都会永远记得那只叫作柴斯特的蟋蟀，记住那嘹亮而韵律无穷的鸣叫。

学生阅读《时代广场的蟋蟀》，可以感受音乐、友情与都市的交响乐章。阅读这本书，会走进一个充满音乐、友情与梦想的世界，感受到音乐的力量和友情的温暖，去寻找友情与自由的真谛，更去思考如何在都市生活中找到属于自己的幸福与满足。阅读这本书，可以在都市的喧嚣中保持内心的宁静与真实，如何在追求梦想的过程中珍惜身边的友情与情感。它提醒我们要关注内心的声音，勇敢地追求自己的梦想，同时也要珍惜与他人的真挚情感。其中，最让人印象深刻的便是主人公柴斯特与朋友间的友谊，在朋友们的帮助下，小蟋蟀渡过了重重难关、获得了成功并重归家乡。

借助阅读这本书的"借助关键词句，提取信息；借助图谱，讲述故事内容；关联信息，勾画人物际遇图；整合信息，发现友谊真谛"的方法，学会阅读近当代小说，提升学生的阅读素养。

【任务群教学设计】

一、学习主题和内容

（一）学习主题

唱响一支真情之歌，绽放一朵友谊之花

（二）学习内容

《时代广场的蟋蟀》

二、学习目标与课时安排

（一）学习目标

1. 根据阅读计划，自主阅读《时代广场的蟋蟀》，了解故事的主要内容，梳理人物的经历，培养学生的概括能力。

2. 借助表格和思维导图，梳理主要人物的故事及本书的基本内容，概括蟋蟀柴斯特冒险的故事，并针对印象深刻的故事和人物展开交流讨论。

3. 回顾《时代广场的蟋蟀》的主要内容，借助人物关系的图谱，用概括的语言讲述友谊的故事；深入挖掘柴斯特的际遇，体会柴斯特在不同际遇之中获得的友谊。

4. 联系自我实际生活，回忆生活中友情的点滴并分享交流，感受友谊的珍贵；并对本书的结尾进行创编，感受真正的友谊。

5. 用学到的阅读其他关于友情小说的方法，拓展阅读其他小说。

（二）课时安排

10—12 课时

三、学习情境

一只来自美国乡下的蟋蟀柴斯特因为一场意外来到了繁华的时代广场，遇到它的主人马利欧一家，还有动物朋友塔克和亨利。他们之间发生了很多有趣的事情，柴斯特也因为独特的歌喉成了时代广场的明星，而且还赚钱帮助了马利欧一家。尽管它收获了真诚的友谊和无尽的快乐，但它毅然决然地回到了自己的故乡。美国著名小说家乔治·塞尔登的《时代广场的蟋蟀》将为我们展示柴斯特的奇特旅程。

四、学习任务与学习活动

学习任务与学习活动设计

主题情境	学习任务	学习活动	课时安排
唱响一支真情之歌，绽放一朵友谊之花	任务一：了解冒险故事 开启阅读之路	1. 了解基本信息，认识广场蟋蟀。 2. 初读蟋蟀险事，点燃阅读热情。 3. 制订阅读计划，开启阅读之旅。	2—3
	任务二：体验蟋蟀经历 聆听广场歌声	1. 自主阅读书籍，记录阅读成果。 2. 梳理蟋蟀险事，了解蟋蟀经历。 3. 讲述友爱故事，体会友人之情。 4. 展示读书成果，交流读书生活。	2
	任务三：听懂一曲蟋蟀之声 绽放一朵友谊之花	1. 借助人物关系，讲述友谊故事。 2. 深入蟋蟀际遇，诠释朋友之谊。 3. 联系自我生活，拾取友情点滴。 4. 创编后续故事，演绎友谊之歌。	1
	任务四：研读同类书籍 书写友谊格言	1. 阅读《塔克的郊外》，感受丰富友谊。 2. 统整友谊故事，阐发友谊新意。 3. 开展友谊讨论，书写友谊格言。	2—3

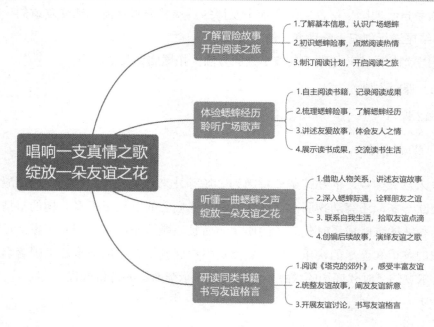

五、过程性评价与单元测评

过程性评价与单元测评设计

评价类型	内容	基本标准
过程性评价	了解冒险故事 开启阅读之路	1. 能借助人物名片了解基本信息，认识书中主要人物，初步了解故事内容，开启柴斯特的冒险之旅。 2. 在老师共读、生生共读下，借助蟋蟀的冒险故事，点燃阅读热情，引发阅读期待。 3. 能自主制订阅读计划，并按计划阅读整本书，开启阅读之旅。
	读懂人物故事 绘制故事图谱	1. 能自主阅读书籍，记录阅读成果，完成不同故事的"阅读闯关"，做读书笔记，绘制任务经历卡。 2. 梳理蟋蟀柴斯特的险事，了解蟋蟀从乡下到城市的经历以及他们之间发生的故事。 3. 能读懂人物之间故事，梳理其他人物为柴斯特做的事情以及柴斯特为他们做的事情，感受他们之间真挚的友情。 4. 不定期开展阅读成果汇报，交流自己读书的收获和新的收获。
	听懂一曲蟋蟀之声 绽放一朵友谊之花	1. 借助主要人物和次要人物与柴斯特的关系，梳理出故事的主要情节，完整地讲述他们之间友谊的故事。 2. 深入挖掘蟋蟀在各个阶段的际遇，体会人物的真实感受和需求，感受柴斯特在不同的际遇中诠释的友谊的内涵和价值。 3. 让学生各抒己见，联系自我生活，反思自己需要友谊，拾取友情点滴，珍惜美好情感。 4. 根据文本结尾的一段话，创编后续故事，用自己的方式演绎友谊。
	研读同类书籍 书写友谊格言	1. 能结合友谊的主题和自身的需求，阅读《塔克的郊外》等故事，感受美好的友谊故事。 2. 能统整不同人物的故事，探讨他们的友谊，阐发友谊新的意义。 3. 能与老师、父母和同学开展友谊价值讨论，书写自我的友谊格言，让生活更加美好。

续表

评价类型	内容	基本标准
单元测评	《时代广场的蟋蟀》读书推荐会	1. 回顾自己阅读的过程，能梳理总结好的阅读方法，并反思自己需要改进的地方。 2. 能在线下"读书交流会"或线上"班级读书互动平台"上与小伙伴展示、分享自己阅读《时代广场的蟋蟀》的读书笔记，交流自己的读书心得、读书经验等。 3. 能撰写《时代广场的蟋蟀》的好书推荐语，吸引更多的人阅读这本书，喜欢上这本书，从故事中汲取营养，收获成长。

六、资源与工具

（一）资源

《时代广场的蟋蟀》书籍、音频资源、有声图书等。

（二）工具

阅读计划、阅读闯关题、过程性评价量表、情节思维导图、摘录书签、阅读评价量表等。

七、设计说明

阅读《时代广场的蟋蟀》这本书的过程，仿佛置身于繁华的纽约时代广场，与柴斯特一同经历了那段充满挑战与成长的岁月。它的音乐才华让人感受到了生命的无限可能，而它与塔克老鼠和亨利猫的友情则让人体会到了真挚情感的珍贵。这不仅是一本关于音乐、友情与梦想的书，更是一部关于生命价值与人生选择的哲学思考。通过任务一：走进柴斯特的世界，阅读书籍，了解柴斯特的主要经历和遭遇，初识其他人物。通过任务二：走进柴斯特的友谊故事，梳理蟋蟀柴斯特的险事，了解蟋蟀从乡下到城市的经历以及他们之间发生的故事；读人物之间的故事，梳理其他人物为柴斯特做的事情以及柴斯特为他们做的事情，感受他们之间真挚的友情。通过任务三：听懂一曲蟋蟀之声，绽放一朵友谊之花。感受真挚的友谊，借助主要人物和次要人物与柴斯特的关系，梳理出故事的主要情节，完整地讲述他们之间友谊的故事；深入挖掘蟋蟀在各个阶段的际遇，体会人物的真实感受和需求，感受柴斯特在不同的际遇中诠释的友谊的内涵和价值；让学生各抒己见，联系自我生活，反思自己需要友谊，拾取友情点滴，珍惜美好情感；根据文本结尾的一段话，创编后续故事，用自己的方式演绎友谊。通过任务四：研读同类书籍，书写友谊格言，继续阅读姊妹篇《塔克的郊外》感受友谊的真谛，探讨他们的友谊，阐发友谊新的意义；与老师、父母和同学开展友谊价值讨论，书写自我的友谊格言，让生活更加美好。

【教学设计】

听懂一曲蟋蟀之声，绽放一朵友谊之花
——《时代广场的蟋蟀》任务群教学设计

一、学情分析

"友谊"对学生而言并不陌生，它充斥在学生们日常生活的点点滴滴中。但是由于阅历所限，该年龄段的学生对友谊的理解可能还处在较浅显的层面，如朋友间的帮助等，因而要充分理解友谊丰富的内涵。体会人物间深厚的友谊，必须对故事非常熟悉，同时还需要抓住故事的主要情节、主要人物间发生的事件细细品味。

二、教学内容

任务三——听懂一曲蟋蟀之声，绽放一朵友谊之花

三、教学目标

1. 回顾《时代广场的蟋蟀》的主要内容，借助人物关系的图谱，用概括的语言讲述友谊的故事。

2. 深入挖掘柴斯特的际遇，体会柴斯特在不同际遇之下不同的期待和需求，体会朋友的珍贵之处在于懂得，并及时回应别人的需求。

3. 联系自我实际生活，回忆生活的友情的点滴并分享交流，感受友谊的珍贵；并对本书的结尾进行创编，感受真正的友谊。

四、教学重难点

运用浏览、选读、跳读等阅读方法提取信息，体会柴斯特在不同际遇之下不同的期待和需求，体会朋友的珍贵之处在于懂得，并及时回应别人的需求。

五、教学准备

教师准备：
课件、磁性小黑板、卡纸、《重回苏莲托》的背景音乐。

学生准备：

1. 学生反复读《时代广场的蟋蟀》，并能大概讲述书中每个小故事的主要内容。
2. 准备彩色笔或者马克笔。

课前谈话：

（音乐起）同学们，刚才我们听到的这首曲子，你觉得怎么样？（优美动听，舒缓）你还能感受到什么样的情感吗？（淡淡的忧伤）这首曲子名叫《重归苏莲托》，它是意大利歌唱故乡，抒发个人情怀的歌曲！

六、教学过程

导入：回顾已学任务，引入本节课内容

在我们最近读过的《时代广场的蟋蟀》中，蟋蟀柴斯特就因演奏了这首曲子而改变命运。我们走进了柴斯特的世界，知道了它从乡下到时代广场的奇特经历，并且结识了主人马利欧和亨利、塔克等，它们之间也发生了很多有趣的故事。这节课，我们一起感受它们之间的友情，揭示友谊的真谛。

活动一：借助人物关系，讲述友谊故事

1. 这本小说都有哪些人物呢？课前，我们根据"故事人物"绘制了人物关系图。现在，我们就请同学来介绍一下这本书的人物主次关系吧。

主人公：柴斯特

重要角色：玛利欧、塔克、亨利。（板贴主要人物）

次要人物：白利尼爸爸、白利尼妈妈、冯赛、史麦得利先生、米奇、保罗……

2. 了解了故事中的人物，你能讲一讲，这本书讲述了一个什么故事吗？

跳进篮子　来到纽约　遇见主人　交上好友　不慎闯祸　展现天赋　怀念家乡　回到家乡

跳进篮子——来到纽约——遇见主人——交上好友——不慎闯祸——展现天赋——
怀念家乡——回到家乡

3. 从故事中，你感受到柴斯特与这些人物之间有着怎样的情感呢？

预设：我读出了友情，友谊……

4. 是的，这本书主要讲述了关于"友谊"的故事。

【设计意图】以概括故事梗概唤起学生对整本书内容的回忆，用表格把每个故事的主要内容呈现出来，让大家更清楚地明白书中每一个小故事的主要内容，利用人物关系图谱梳理故事中的人物关系，便于大家对这本书中人物关系一目了然，从而也从整体上把握了这本书的内容。

活动二：深入蟋蟀际遇，诠释朋友之谊

1. 友谊是什么？

在故事中，又是怎样体现友谊的呢？课前，我们结合导读单，对书中柴斯特和它的朋友们之间的故事进行了梳理。现在，我们就从这些故事中，去探究友谊。

2. 探究玛利欧与柴斯特的友谊

（1）抽生汇报故事内容，出示花瓣导图。

（2）你们看，一幅花瓣状的思维导图做好了。从这些故事中，你能体会到友谊是什么吗？（抽生汇报。）

预设：我从……这件事中，感受到了友谊是照顾，理解，责任，宽容……

（3）小结：同学们，刚才我们探究了玛利欧对柴斯特所做的一切，从故事中，我们知道了：

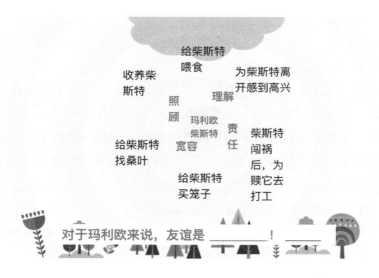

对于玛利欧来说，友谊是＿＿＿＿＿＿＿＿！

3. 探究塔克老鼠、亨利猫与柴斯特的友谊

过渡：对于它们来说，友谊又是什么呢？

以四人小组为单位，进行探究。

> 对于塔克来说，友谊是 ＿＿＿＿＿＿＿＿！
> 对于亨利来说，友谊是 ＿＿＿＿＿＿＿＿！
>
> **合作学习：**（四人小组合作完成）
> （1）选择"塔克"或"亨利"中的一位，梳理它们与柴斯特之间的故事。
> （2）探究从这些故事中体会到友谊是什么？
> （3）组长在思维导图上记录，并美化思维导图。

出示活动要求：

（1）小组成员汇报塔克或亨利与柴斯特之间的故事。

（2）小组成员探究从这些故事中体会到友谊是什么？

（3）组长将小组成员的汇报成果记录在思维导图上。

（4）抽两个小组上台分享。

对于塔克来说，友谊是＿＿＿＿＿＿＿＿！

对于亨利来说，友谊是＿＿＿＿＿＿＿＿！

预设：照顾、陪伴、担当、责任、关心、帮助、付出、分享、欣赏、鼓励、理解、赞美……（根据学生的回答。）

小结：同学们，刚才我们通过对故事内容的梳理，了解了柴斯特与朋友之间的友谊，让我们对友谊有了更深的感悟。这可是我们阅读的好方法呀！

【设计意图】柴斯特的经历很波折，通过提取文字信息，然后用关键词把它每一个命运节点梳理出来，柴斯特的经历和朋友之间发生的故事就清楚地呈现在我们眼前，而且友谊也非常明显了。

4. 同学们，再让我们回顾一下这个有趣的故事吧。

跳进篮子——来到纽约——遇见主人——交上好友——不慎闯祸——展现天赋——

怀念家乡——回到家乡。

（1）我们班的 ×× 同学，根据柴斯特的境遇，还在阅读时绘制了一幅情节曲线图呢！我们一起来看看。

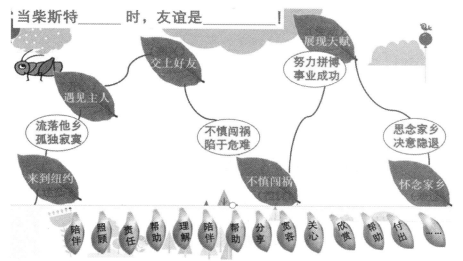

（2）出示曲线图，你为什么会这样画呢？采访同学。

（3）你看，它的人生际遇是多么曲折，如果我们把柴斯特的一生，变成人生的四个阶段：

初到纽约时：陪伴、分享、关心、照顾　　不慎闯祸时：责任、帮助、分担

事业成功时：帮助、欣赏、陪伴　　　　　思念家乡时：理解、帮助

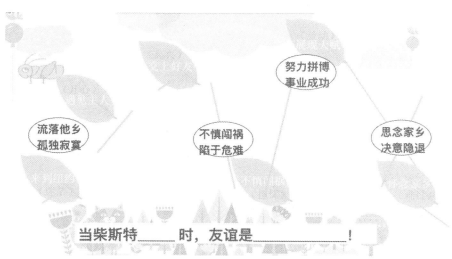

（4）在生命的不同阶段，友谊又是什么呢？（抽生回答，点击送入相应的时段！）

出示：当柴斯特_____时，友谊是_____！

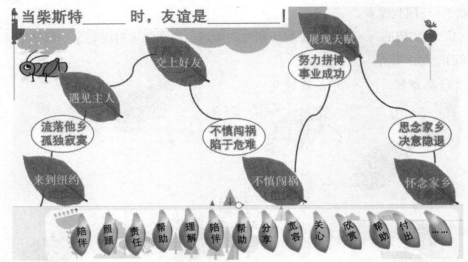

小结：同学们，我们不仅可以从朋友为你所做的事情中感悟到友谊是什么，还可以深入人物在生命的不同阶段的际遇，去感受什么是真正的友谊。故事中，柴斯特的朋友们的不离不弃，与柴斯特共渡难关，这是对友谊最好的诠释！

【设计意图】整合柴斯特的信息，清楚地看到了柴斯特的遭遇分为四种际遇，有高峰就有低谷，每一种际遇里需要的友谊是不一样的，而朋友们能供给它的就是真正地了解它，支持它，帮助它，就是友谊的真谛。

活动三：联系自我生活，拾取友情点滴

1. 同学们，你在什么时候，从朋友所做的点滴小事中体会到了友谊？你为朋友又付出过什么友谊呢？

2. 抽生汇报。

小结：谢谢你们的分享，从你们的故事中，我感受到了，友谊无处不在，友谊真伟大。

【设计意图】学以致用，把书本延伸到生活中，去反观自己对待朋友的方式，也能促进自己寻找和朋友相处得更为融洽的方法，同时也不断去调整自己，悦纳自己，进而珍惜友情，获得幸福。

活动四：创编后续故事，演绎友谊之歌

1. 回到《时代广场的蟋蟀》，在故事的结局，作者这样写道，出示：

塔克换了个姿势，轻声说："亨利？"

"什么事？"亨利说。

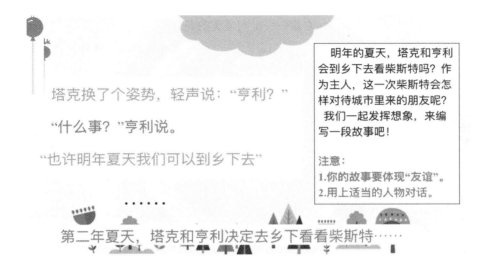

"也许明天夏天我们可以到乡下去"

塔克换了个姿势，轻声说："亨利？"

"什么事？"亨利说。

"也许明年夏天我们可以到乡下去"

······

第二年夏天，塔克和亨利决定去乡下看看柴斯特……

> 明年的夏天，塔克和亨利会到乡下去看柴斯特吗？作为主人，这一次柴斯特会怎样对待城市里来的朋友呢？
> 我们一起发挥想象，来编写一段故事吧！
>
> 注意：
> 1.你的故事要体现"友谊"。
> 2.用上适当的人物对话。

2. 明年的夏天，塔克老鼠和亨利猫会到乡下去看柴斯特吗？作为这一次的主人，它的朋友远道而来，它又会为它的两位朋友做些什么呢？试着编一编接下来的故事吧！

创编要求：

①你的故事要体现"友谊"的哪些方面？

②适当用上人物之间的对话，增强故事的趣味性。

先自己构思一下，再和同桌一起说一说。（请两位同学汇报。）

（评价：你的故事体现了友谊的哪些方面？谢谢你的故事，我从你的故事中，感受到了对朋友的……）

【设计意图】创编新的故事，城里的朋友要去乡下会有怎样的奇遇，打开学生的思路，让他们知道友谊是双向奔赴，也是需要彼此付出，相互成全，这就是友谊的魅力。

3. 同学们，今天我们走进《时代广场的蟋蟀》，借助故事内容，感悟友谊；深入人物际遇，诠释友谊，联系自我生活，反思友谊，创编后续故事，演绎友谊。我们也知道了友谊是——（手指黑板，生读。）

师：友谊是——世间最美的花。今后，你将怎样去浇灌它，让它绚烂你的人生呢？相信今天的课，让你有了新的思考和方向。

4. 推荐《塔克的郊外》，它是《时代广场的蟋蟀》的姊妹篇，讲述的就是塔克和亨利到乡下去，发生的有趣故事，看看跟你的创作是否一样呢？

【设计意图】课堂结束了，课没有结束，延续到下一本书去，继续寻找友谊的踪迹，感受友谊的故事，沉浸书中，延续友情。

七、板书设计

友谊——世间最美的花

——《时代广场的蟋蟀》整书汇报交流

借助故事内容感悟

深入人物际遇诠释

联系自我生活反思

创编后续故事演绎

（建议年级：小学三、四年级）

读小故事，明大道理

——《中国古代寓言故事》任务群教学设计

成都棠湖外国语学校　李多多

【书籍简介】

《中国古代寓言故事》收录了80多则古代寓言，故事短小精悍，幽默深刻。每一则故事只用寥寥数语便勾画出一幅幅生动的画面，中国古人的人生智慧也便在画面中得以鲜明呈现。哲理性强，是中国古代寓言的一大特色。

阅读《中国古代寓言故事》，学生在阅读过程中通过抓住故事的结局、人物的语言和行为进行思辨，发现故事的寓意，这个过程能够提升学生的阅读思考能力。此外，学生还了解了为人处世之道，学习之道，这是对学生们的智慧启迪。此外，学生们还在故事中感受中国古代文化和中国古代人民的生活智慧，丰富了精神世界，拓展了阅读视野。

【任务群教学设计】

一、学习主题和内容

（一）学习主题

读小故事，明大道理

（二）学习内容

《中国古代寓言故事》

二、学习目标和课时安排

（一）学习目标

1. 根据阅读计划自主阅读《中国古代寓言故事》，了解每一个寓言故事，能用自己的话复述故事内容。初步感受寓言"小故事，大道理"的特点，并激发阅读兴趣。

2. 通过梳理故事角色，分类统整感受角色来源，通过抓住故事的人物行为、心理、语言等描写和故事结局分析故事寓意，提高思考能力。

3. 能够通过联系自身实际内化寓意，运用寓言中的智慧解决生活中的问题，尝试运用寓言劝告他人。能够借助情景创编寓言，培养创造力。

4. 能够运用读寓言的方法阅读更多中外寓言，并能对比中外寓言发现异同，进一步感受中国古代寓言的特色。

（二）课时安排

8 课时

三、学习情景

我们从一年级开始就读过不少寓言故事了，你们一定还记得《乌鸦喝水》里的那只聪明的小乌鸦如何用智慧解决问题，也许觉得《狐假虎威》里的那只狐狸有点小聪明。也会被《揠苗助长》《守株待兔》里的两位主人公逗得哈哈大笑，如果笑过之后你还能明白深刻的道理，那说明你是阅读高手。这两个故事就出自《中国古代寓言故事》这本书。让我们继续走进这本书，看看我们的古人如何讲有趣的故事，去挑战一下自己的阅读能力吧！

四、学习任务与学习活动

学习任务与学习活动设计

主题情境	学习任务	学习活动	课时安排
读小故事明大道理	任务一：走进寓言故事	1. 了解"寓言"信息，规划阅读之旅。 2. 自主阅读寓言，记录阅读点滴。 3. 讲讲寓言故事，评选阅读能手。	3
	任务二：解密寓言智慧	1. 寓言人物分类，明确寓言特点。 2. 分析寓言事理，明确寓言特征。 3. 寓言联络生活、学用寓言智慧。 4. 借助预设情景，创编寓言故事。	1

主题情境	学习任务	学习活动	课时安排
读小故事明大道理	任务三：延读寓言故事	1. 运用阅读方法，阅读外国寓言。 2. 展示阅读成果，分享寓言智慧。 3. 对比中外寓言，发现异同之处。 4. 编辑寓言手册，警醒生活中人。	2

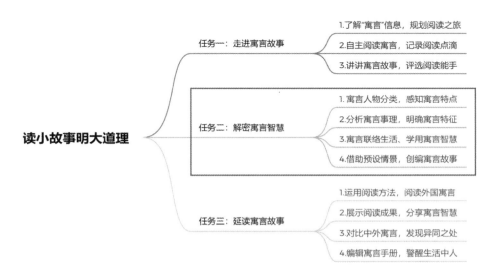

五、过程性评价与单元测评

过程性评价与单元测评设计

评价类型	内容	基本标准
过程性评价	走进寓言故事	1. 能制订一份完整的阅读计划。 2. 能按计划阅读完整本书，初步感受故事的特点和趣味。 3. 能讲讲喜欢的故事，交流阅读感受。感受"小故事，大道理"。
	解密寓言智慧	1. 能通过寓言的人物，寓言的故事情节感知寓言的特点。 2. 能抓住故事中人物的语言、行为、心理和故事结果读懂寓意。 3. 能联系生活内化寓意、学用寓言智慧。 4. 能借助情景，创编寓言故事。

续表

评价类型	内容	基本标准
过程性评价	延读寓言故事	1. 能运用课内学到的读寓言的方法去读中外寓言故事。 2. 能分享自己印象深刻的寓言故事和自己的感受。 3. 能通过中外寓言的对比，发现异同，感受中国古代寓言的特色。 4. 能把自己感兴趣的寓言故事及道理记录下来，编辑寓言手册。
单元测评	畅游寓言 收获智慧	1. 回顾自己阅读的过程，能梳理总结好的阅读方法，并反思自己需要改进的地方。 2. 能运用读寓言的方法阅读更多的中外寓言故事，和同伴交流探讨其中的寓意。 3. 能运用寓言故事中的智慧解决生活中的困难。

六、资源与工具

（一）资源

《中国古代寓言故事》书籍、音频资源、有声图书等。

（二）工具

阅读计划、阅读闯关题、过程性评价量表、情节思维导图、人物档案表等

七、设计说明

《中国古代寓言故事》整本书任务群教学设计，旨在引导学生通过浏览、跳读、选读等阅读方法提取故事信息，运用表格等视觉化策略来梳理读懂寓意的方法，通过联系生活实际内化寓意，明白寓言的作用。教学过程中，既有静思默想，又有合作交流；既有认知，又有实践。通过创设真实的生活情境，给予学生运用寓言的机会，做到学以致用，也在实践中让学生进一步感悟寓言的意义所在。

过程性评价要求学生在整本书阅读过程中，通过自评、互评等方式主动梳理、展示和分享自己对古代寓言内容把握、人物形象感悟、童话哲理感悟等方面的阅读体验和阅读收获，并及时调整和改进自己的阅读方法，提高阅读效果。单元测评要求学生用自己的方式分享读书心得，回顾梳理整个学习过程，为后续的整本书阅读积累经验。

【教学设计】

小故事大道理
——《中国古代寓言故事》整书汇报交流

一、学情分析

三年级学生已经具备了一定的阅读能力，养成了较好的阅读习惯。阅读时开始从了解故事内容转向对故事主题的思考，开始对人物、事件有自己的感受和想法，并且乐于与人交流。这个阶段阅读《中国古代寓言故事》不仅能够提高学生深度思考的能力与阅读能力，同时也有助于学生建立正确的世界观、人生观、价值观。本次教学，选择《中国古代寓言故事》来进行阅读汇报交流课，目的是引导学生知道寓言的特点，明白寓言的意义，体会寓言的作用。

二、教学内容

任务二——解密寓言智慧。

三、教学目标

1. 回顾寓言故事，感受寓言的特点"小故事，大道理"。
2. 学会用抓故事的结局，人物的语言，行为的方法读懂寓意。
3. 通过联系生活内化寓意知道寓言的作用。

四、教学重难点

学会用抓故事的结局，人物的语言、行为的方法读懂寓意，通过联系生活内化寓意，知道寓言的作用。

五、教学准备

教师准备：
板书贴课件。
学生准备：
读完读熟《中国古代寓言故事》。

六、教学过程

导入：回顾以往活动，走进寓言故事

师：同学们，这段时间我们一起畅游在《中国古代寓言故事》这本书里，开展了多姿多彩的阅读活动，了解了中国古代寓言里的内容，初步感受了中国古代寓言故事魅力。今天，我们将走进任务二揭开寓言故事的神秘面纱，深入这本书，去领略古人的智慧。

活动一：寓言角色分类，感知寓言特点

1. 挑战第一关。看图猜故事。

课件出示《两小儿辩日》《东郭先生》《驼背翁捕蝉》三个故事的图片。

2. 看图讲故事说道理

课件出示《曾子杀猪》《高阳应造屋》《吹口哨的猎人》。

3. 感知寓言的特点

（1）对比其他故事，寓言有什么特点？

预设：大道理（相机板贴）

预设：小故事（相机板贴）

（2）浏览目录，发现故事中的主人公都有谁？你有什么发现？

预设：寓言故事不仅讲人的故事，还把动物、植物以及没有生命的一切事物当作人来讲，通过比喻性的小故事来寄托一个意味深长的大道理，这样的故事就叫寓言。

师：而寓言中的道理就叫作（贴板书：寓意）

【设计意图】阅读检测不仅能激活学生头脑中已经储备的知识，同时也能让老师找到学生阅读的起点，并为下一环节作铺垫，引导学生发现寓言故事的特点。

活动二：分析寓言事理，明确寓言特征

1. 认知明确寓意的方法

（1）思考从哪里看出故事寓意的？

课件出示要求：翻到P127、P87、P42《高阳应造屋》《曾子杀猪》《吹口哨的猎人》三个故事快速浏览，用笔勾出能说明寓意的句子。

生汇报预设：

故事	寓意	揭示寓意的句子	句子出现的位置
《吹口哨的猎人》P172	做任何事要靠真本事不能靠小聪明	故事结局	文末

故事	寓意	揭示寓意的句子	句子出现的位置
《曾子杀猪》P42	要信守承诺	人物的语言	文中
《高阳应造屋》P8	虚心听从别人的意见，固执己见是会失败的	人物的行为	文中
《与狐谋皮》P129	做事要找对方法才能成功	人物的行为	开头

师总结：中国古代寓言故事常常直接揭示寓意。

（2）思考：《与狐谋皮》这则寓言是不是也能在文中直接找出揭示寓意的句子呢？

预设：不能

师总结：由此可见啊，有时我们可以在文中的开头、中间、结尾直接找到揭示寓意的句子，有时需要我们仔细地品味人物的语言、行为和故事的结局才能找到。（贴板书：人物寓言、行为、故事结局）

2. 实践明确寓意的方法

课件出示要求：P27《其父善游》P141《老鼠猖獗》P84《蒙鸠为巢》

（1）默读故事（2）寻找线索并勾画（3）思考寓意（4）小组交流完成题单

预设：

人物行为 故事结局 人物语言	《其父善游》	做人不迷信，反对虚伪和丑恶
	《老鼠猖獗》	做事情，干工作必须打好基础
	《蒙鸠为巢》	人的思想不能遗传，是靠努力学习获得的。

【设计意图】读寓言最重要的是让学生们读懂寓意，因此此环节重在引导学生学会用方法去读懂寓意，并学会运用。这个环节让学生在认知实践迁移的过程中掌握方法。

活动三：联络寓言生活，学用寓言智慧

1. 初步体会寓言的作用

（1）《其父善游》

A. 生回答这个故事对生活有什么启示？学生联系自己的生活谈感想。

B. 补充相同道理的故事。预设：《常羊学射》《屠龙之技》《薛谭学歌》……

C. 小结：像这些故事都在告诉我们"为学之道"。（贴板书："为学之道"）

（2）《老鼠猖獗》

A. 你们的生活中遇到过故事中的那个人吗？预设：学生联系生活谈感想。

B. 我们要做个怎样的人啊？

C. 小结：这个故事指导了我们如何做人，咱们书中还有好多故事都是在告诉我们如何做人。这些道理就叫"为人之道"。（贴板书："为人之道"）

（3）《蒙鸠为巢》

A.《蒙鸠为巢》这个故事又给咱们什么启示？课件出示：《凿井得人》《高阳应造屋》《喜鹊搬家》……

B. 小结：像这些故事都在讲"处世之道"。（贴板书："处世之道"）

（4）总结寓言的作用

总而言之，古人讲寓言故事就是告诉我们这些为人处世的道理。它指导着我们的生活，帮助我们成长。（贴板书：指导）

2. 联系生活感受寓言的作用

（1）可不可以去掉故事直接把道理讲给这个人听呢？师创设情境。

A. 当你想偷懒不学习时，爸爸妈妈怎么给你讲道理的？预设：生自由表达

B. 当你上课不认真时，老师又是怎么讲道理的？预设：生自由表达

C. 这些给你讲道理的人都是为了你好啊，可是你们喜欢听这样的大道理吗？

预设：不喜欢。

（2）故事、视频引入感受寓言的魅力。

咱们故事中也有一个人跟你们一样不喜欢听大道理，他就是吴王，他想攻打楚国，可是你看他身后，还有齐、赵、秦这些国家对他虎视眈眈，你们想如果吴王发兵攻打楚国，会怎么样呢？

A. 师创设情境：你都明白这个道理，可是吴王却不明白啊，大臣们一个个给吴王讲大道理啊！

师：一个大臣说……

预设：生自由表达。

师：又一个大臣说……预设：生自由表达。

师：还有一个大臣说……预设：生自由表达。

B. 视频引入：就在群臣束手无策之时，有个少年这样劝说吴王……

课件展示视频《螳螂捕蝉黄雀在后》的动画。

C. 问题引导：你们觉得吴王听了少年的故事，他会怎么想？会杀对方吗？

预设：不会，因为吴王被打动了。

（3）总结强调寓言的作用

师：这个故事生动形象地告诉了吴王，他就是那只螳螂。从而成功劝诫了吴王不要做傻事。（贴板书：生动、形象、劝诫）

师总结：为了让世人乐于听从劝诫和指导，我们的祖先就讲述了一个个生动有趣的小故事来说明这些大道理，这些故事流传下来，就成了我们这本中国古代寓言故事。

活动四：借助预设情景，创编寓言故事

1. 出示情景选择寓言

小明上兴趣班总是三分钟热度，一会儿去学钢琴，一会儿又去学画画，一会儿又去学跳舞，结果一学期过后，他什么都没学好。你想跟小明讲哪个故事，告诉他什么道理呢？

请生选择：A.《曾子劝学》　　B.《蒙鸠为巢》　　C.《常羊学射》

2. 根据情景创编寓言

课件出示第二关（播放课前采访班上的同学们出现的一些不良习惯。）

如：丢三落四、上课不认真、不讲卫生、学习偷懒、三心二意、以讹传讹……运用学过的寓言故事或创编寓言故事劝诫他人。

3. 运用寓言反思自身

俗话说书中自有黄金屋，如果今天你们能运用寓言故事来指引自己的行为，那你就会获得人生的一笔财富啊！那你们会用书中哪个故事来指引自己呢？把故事讲给同桌听一听，让同桌监督你改正吧。

【设计意图】读寓言不仅要读懂故事的内容，更重要的是要知道古人创编寓言的意图，了解寓言的讽刺劝诫作用。此环节让学生在认知的基础上联系生活实际内化故事的寓意，并创设情境让学生尝试运用寓言来解决问题，从而达到学以致用的目的。

活动五：总结课堂，推荐书目

师：同学们，今天我们不仅明白了中国古代寓言故事是古人用一个个生动、形象的小故事来讲述一个个大道理，从而来指导和劝诫他人，我们还学会了通过故事结局、人物语言、人物行为来明确寓意的方法。最后我们还体验了运用寓言来劝告和指导他人。相信你们今天对寓言故事有了更深刻的理解。我也希望，将来你们能读更多的寓言，能运用寓言，甚至创编寓言故事去劝告你们身边的家人、朋友，甚至老师。课后你们可以自己再去读《伊索寓言》《克雷洛夫寓言》《拉封丹寓言》。

【设计意图】此环节，带着学生进行本堂课的总结，加深学生对本堂课的知识点的印象，同时鼓励学生运用方法去读更多的寓言故事。从读一本书到读一类书。

七、板书设计

小故事大道理

——《中国古代寓言故事》整书汇报交流

生动　有趣　　　　　　　　指导　劝诫

寓言故事　　　　　　　　　寓意

人物语言 ┐

人物行为 ├── 明寓意　　　　　为人　为学　处世

故事结局 ┘

（建议年级：小学三年级）

探寻"仙踪"，遇见成长

——《绿野仙踪》任务群教学设计

成都棠湖外国语学校　李小琴

【书籍简介】

《绿野仙踪》是美国作家弗兰克·鲍姆的代表作，是一部经典的童话历险记，是世界儿童文学的瑰宝。该书主要讲述了多萝西的历险故事。她被一阵龙卷风带入了一个奇幻的世界，为了回家，在女巫的指引下去了奥兹国寻求帮助。在去奥兹国的路上，多萝西结识了没头脑的稻草人，没心的铁皮人和一只胆小的狮子。他们互相帮助，携手并肩，历经艰险，最终克服重重困难，战胜种种挑战，凭借非凡的智慧和顽强的毅力，实现了各自的心愿，实现了各自的成长。

学生通过阅读《绿野仙踪》感受扣人心弦的故事情节和丰富的想象力。他们也将深受启迪：在人生路上，友情格外珍贵，互相帮助，团结一心才能共渡难关；每个人在生活中都将经历成长和自我发现的过程，只有学会向内看，才能掌握了破解命运难题的密码，所有的天赋才华，原本都藏在我们体内，需要经历，才可能被唤醒。只有勇敢面对并克服困难，才能收获成功和成长。

学生通过理清历险路线，根据路线图说清楚人物经历的主要事情，从中感悟人物性格、品质及成长变化。结合人物成长变化品读故事的重点情节，理解人物变化的原因及意义，进而读懂故事的深层含义，领悟关于"友谊、冒险、成长"等多元主题，提高阅读童话类书籍的能力。

【任务群教学设计】

一、学习主题和内容

（一）学习主题

探寻"仙踪"，遇见成长

（二）学习内容

《绿野仙踪》

二、学习目标与课时安排

（一）学习目标

1. 通过借助目录，猜测故事情节。根据阅读计划自主阅读《绿野仙踪》，了解故事内容；绘制故事情节，梳理历险行程；绘制人物思维导图，感悟人物形象。

2．通过按照事情的"起因—经过—结果"讲一讲这本书的大概内容；能够理清历险路线图，并根据路线图说清楚人物经历的主要事情，感悟人物性格、品质及成长变化。

3. 结合人物成长变化品读故事的重点情节，理解人物变化的原因及意义。进而读懂故事的深层含义，领悟关于友谊、冒险、成长等多元主题。

4. 用学到的阅读童话小说的方法，拓展阅读同类童话小说。

（二）课时安排

6—7 课时

三、学习情境

我们每个人的内心深处都有一个冒险梦。刚学走路时，大人不让走的坡坡坎坎，弯弯窄窄的路是我们的最爱。我们仿佛是天生的勇士。然而，如果一股龙卷风将你吹到一个陌生的国度，离开熟悉的故土，离开依恋的亲人，离开亲密的伙伴，你的内心又会是什么感受呢？亲爱的同学们，这不是一个假设，故事真的发生了。多萝西，一个年龄和我们相仿的小女孩被一阵龙卷风吹到了一个奇幻世界，她会经历怎样的新奇有趣、困难重重的奇幻之旅呢？让我们随她一起出发吧！

四、学习任务与学习活动

学习任务与学习活动设计

主题情境	学习任务	学习活动	课时安排
探寻"仙踪"遇见成长	任务一：猜"仙踪"，激"历险"之趣	1. 浏览封面封底，猜测"仙踪"故事。 2. 走进故事目录，猜读"仙踪"奇事。 3. 制订阅读计划，开启"仙踪"之旅。	1
	任务二：觅"仙踪"，阅"历险"故事	1. 共读"仙踪"故事，了解历险神奇。 2. 绘制情节线串，理清"仙踪"行程。 3. 借助故事导图，讲述"仙踪"要事。 4. 交流人物事件，追问"仙踪"存疑。	2
	任务三：解"仙踪"，明"仙踪"旨意	1. 借助学习支架，简述"仙踪"故事。 2. 运用"仙踪"行程，梳理历险事件。 3. 品读历险情节，研析"仙踪"之疑。 4. 感悟"仙踪"旨趣，收获个人成长。	1
	任务四：研读历险"仙踪"，分享成长意趣	1. 梳理阅读方法，阅读同类书籍。 2. 借助思维导图，分享成长故事。 3. 交流多元主题，赋能个人成长。	2—3

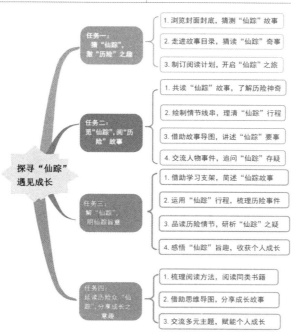

五、过程性评价与单元测评

过程性评价与单元测评设计

评价类型	内容	基本标准
过程性评价	猜"仙踪"，激"历险"之趣	1. 能通过浏览封面封底大胆猜测故事讲述的大概内容。 2. 能借助故事目录，大胆猜测故事讲述的大致情节。 3. 能在老师的带领下，共同参与制订阅读计划，并按计划进行阅读。
	觅"仙踪"，阅"历险"故事	1. 师生按计划共同阅读故事，了解故事的大致内容，感悟故事的神奇。 2. 能绘制故事情节串，梳理历险的行程。 3. 能绘制人物思维导图，用关键词概括人物经历的事件。 4. 能交流人物经历的事件，并提出自己的疑问。
	解"仙踪"，明"仙踪"旨意	1. 能借助"起因－经过－结果"的支架，概述故事的主要内容。 2. 能运用厘清的行程图，梳理故事的主要事件。 3. 品读故事的重点情节，学会质疑，并通过合作探究解疑，理解人物变化的原因及意义。 4. 交流阅读体会，感悟"友谊、成长、冒险"等多元主题，收获个人成长。
	研读历险众"仙踪"，分享成长之意趣	1. 师生运用阅读方法，共读同类书籍《爱丽丝漫游仙境》《尼尔斯骑鹅旅行记》。 2. 能绘制人物思维导图，并借助思维导图分享故事。 3. 感悟并交流多元主题，收获个人成长。
单元测评	《绿野仙踪》读书推荐会	1. 回顾阅读过程，能梳理总结历险类书籍的阅读方法。 2. 能在线下"读书交流会"或线上"班级读书互动平台"上与小伙伴展示、分享自己阅读《绿野仙踪》的读书笔记，交流自己的读书体会、阅读收获等。 3. 能撰写《绿野仙踪》读后感，并与家人、朋友分享，推荐更多人阅读此书，收获成长。

六、资源与工具

（一）资源

《绿野仙踪》书籍、音频资源、有声图书等。

（二）工具

阅读计划、阅读闯关题、过程性评价量表、人物事件思维导图、摘录书签、阅读评价量表等。

七、设计说明

童话《绿野仙踪》是一部充满了奇思妙想的著作。它为读者创造了一个想象中的世界，这个世界恰好具备了一切美丽、神奇的元素。比如那些皮肤颜色各具特色的矮人、模样怪异的各种猛兽、绚丽的神奇魔法等等。更重要的是故事情节曲折，引人入胜。丰富的童话故事给人启迪，比如善与恶、勇气、智慧、爱的力量。

我们做了主题为《探寻"仙踪"，遇见成长》的任务群教学设计。通过任务一猜"仙踪"，激"历险"之趣，引导学生浏览封面封底大胆猜测故事讲述的大概内容。借助故事目录，大胆猜测故事讲述的大致情节。在老师的带领下，制订阅读计划，并按计划进行阅读。通过任务二觅"仙踪"，阅"历险"故事，师生按计划共同阅读故事，了解故事的大致内容，感悟故事的神奇。绘制故事情节串，梳理历险的行程。绘制人物思维导图，用关键词概括人物经历的事件。交流人物经历的事件，并提出自己的疑问。通过任务三解"仙踪"，明"仙踪"旨意，学生借助"起因－经过－结果"的框架，概述故事的主要内容。运用厘清的行程图，梳理主要事件。品读故事重点情节，学会质疑，并通过合作探究解疑，理解人物变化的原因及意义。交流阅读体会，感悟"友谊、成长、冒险"等多元主题，收获个人成长。通过任务四延读历险众"仙踪"，分享成长之意趣。学生运用学到的阅读方法，读同类书籍《爱丽丝漫游仙境》《尼尔斯骑鹅旅行记》。绘制人物思维导图，并借助思维导图分享故事。感悟并交流多元主题，收获个人成长。

【教学设计】

探寻"仙踪"，遇见成长

——《绿野仙踪》整书汇报交流

一、学情分析

《语文课程标准》指出，三、四年级学生要能初步把握文章的主要内容，体会文章表达的思想感情，能对课文中不理解的地方提出疑问。学生在单篇文章学习中练习过概括主要内容，概括小标题。本堂课，我们继续练习借助"起因—经过—结果"主要框架概括内容，从主要事情中提取关键信息，拟定小标题。同时，跟随老师一起，画历险路线图，有助于理清思路。老师引导学生质疑，并品读，分组探讨，层层加深理解，以解答疑问，深刻感悟这本书的人文主题，可以培养学生探究性阅读和创造性阅读能力。

二、教学内容

任务三——解"仙踪"，明仙踪旨意

三、教学目标

1. 能够按照事情的"起因—经过—结果"讲一讲这本书的大概内容，培养学生的阅读概括能力。

2. 能够理清历险路线图，并根据路线图说清楚人物经历的主要事情，并从中感悟人物性格、品质及成长变化。培养学生的阅读理解能力。

3. 结合人物成长变化品读故事的重点情节，理解人物变化的原因及意义。进而读懂故事的深层含义，领悟关于成长、友谊、冒险等多元主题。

四、教学重难点

能够理清历险路线图，并根据路线图说清楚人物经历的主要事情；能够通过品读文本内容，学会质疑、释疑，感悟多元主题。

五、教学准备

教师准备：

1. 阅读《绿野仙踪》3 至 5 遍。

2. 课件、地名卡片

学生准备：

阅读《绿野仙踪》至少 3 遍，了解这本书的主要内容。

六、教学过程

导入：回顾已学任务，引入本节课内容

同学们，这段时间我们读了《绿野仙踪》这本书。在前面的学习中，我们了解了故事的神奇；绘制情节线，理清了历险形成；借助故事导图，讲述了主要事件。这节课，让我们一起去解"仙踪"，明仙踪旨意。

活动一：借助起因、经过、结果讲故事

1. 谈话导入

师：这学期，有一本书风靡咱们班，咱们年级，它就是《绿野仙踪》。（师出示《绿野仙踪》这本书。）你读了几遍？

（预设）生 1：两遍 生 2：3 遍。

师：我读了 5 遍，好书不厌百回读，每读一遍就有不一样的感悟，不一样的发现。今天，我们就来交流交流我们的发现和思考。

2. 回顾主要内容

师：谁能来说说这本书讲了一个什么故事？

（预设）生：一个小女孩多萝西被一场龙卷风刮到了一个芒奇金人居住地，迷失了回家的路。之后她结识了稻草人，铁皮樵夫和狮子，四个人结伴前行，最后抵达翡翠城。战胜西方女巫后，稻草人有了头脑，铁皮人有了心，狮子重新找回了勇气成了百兽之王，多萝西的愿望不能实现，多萝西在南方好女巫格林达的帮助下，回到了堪萨斯农场，回到了叔叔、婶婶的身边。

3. 借助起因，经过，结果讲主要内容

师：如果能抓住事情的起因，经过，结果来讲，就能简洁地概括出主要内容。谁来说说故事的起因、经过、结果呢？

（预设）起因：龙卷风把多萝西和小狗托托吹到芒奇金人居住地。一路上，她结识了三个朋友，没有脑子的稻草人，没有心的铁皮人，胆小的狮子。

经过：为了回家，她在女巫的指引下，去奥兹国寻求帮助。她和三个朋友历尽了千辛万苦，相互帮助。

结果：他们共同战胜了困难，各自实现了自己的愿望。

师：借助起因、经过、结果，我们把故事讲清楚了。（贴板书：借助起因、经过、结果讲故事）

师：读完这本书，我们认识了四个可爱的小伙伴，分别是：

预设：多萝西、稻草人、铁皮人、狮子。

【设计意图】开课交流读书的遍数，意在提醒学生，好书得多读，才悟得多，悟得深。引导学生回顾主要内容，从整体入手，整体入课。借助起因、经过、结果讲故事，让学生有方法可循。

活动二：绘路线，梳条理

1. 找地名

师：多萝西和她的三位好朋友实现愿望的途中去过哪些地方呢？

生答，师贴卡片：芒奇金人国　翡翠城　西方女巫居住地　翡翠城卡德林居住地　堪萨斯（出示幻灯片。）

2. 地名发生的事件

师：如果能把每个地方发生的事情用一两句话说清楚就更好了。几位同学开火车说。

预设 1：多萝西和托托先来到芒奇金人国，然后到了翡翠城，奥兹要求杀死西方女巫，他才能帮多萝西实现愿望。

预设 2：于是，他们来到西方女巫居住地杀死了女巫。

预设 3：他们又回到翡翠城，发现了奥兹的秘密。

预设 4：接着来到卡德林居住地得到女巫的帮助，最后回到了堪萨斯。

小结：同学们，我们读历险记，游记类书籍时，绘制路线图，把在不同地方发生的事情说清楚，这样，条理就更清晰了。我们抓住起因，经过，结果概括主要内容，借助路线图，就把故事讲好了！

【设计意图】将路线图梳理出来，再把不同地方的事情说清楚。这样，便把厚书读薄了，更是把错综复杂的历险故事读清晰、简明了。

活动三：抓事件，知人物

1. 老师示范完成第一段路程的经历：芒奇金人国——翡翠城。

师：多萝西和伙伴们走过了几个地方？现在我们就跟随多萝西和小狗托托，从芒奇金人国出发到翡翠城去吧。途中，他们遇到了什么困难，怎么克服困难的呢？

预设：多萝西拔去稻草人背后的竿子，稻草人也想跟多萝西一起去奥兹国，求一个脑子……

师：你把这件事说清楚了，如果能用小标题概括就更简洁了，能再试一试吗？

预设：多萝西救稻草人。

师：真会学习，掌声送给你！你能像他一样，借助"谁做了什么事"概括故事吗？

预设：多萝西救铁皮樵夫，穿越森林，多萝西带上胆小狮，在致命的罂粟地，稻草人和铁皮人救了多萝西，田鼠救了狮子，鹳救了稻草人。

师：你是怎么如此快速回答的？

预设：我熟读了书，还借助了目录。

师：关注目录，也是一个好方法。

小结：我们抓住谁遇到了什么困难，怎么克服困难，借助谁做了什么事进行概括。聊到这里，我充满了好奇。接下来，会发生什么故事呢？我们继续跟随他们历险吧！

2. 小组合作学习翡翠城到西方女巫居住地的内容。

（1）师：从翡翠城到西方女巫居住地又有哪些离奇的经历呢？咱们小组合作学习，抓住谁，遇到了什么困难，怎么克服困难，借助谁做了什么事来概括。

（2）小组合作学习，老师巡视。

（3）小组交流。

预设：多萝西杀死西方女巫；稻草人杀死乌鸦；铁皮人杀死头狼和黑蜂；狮子被飞猴捉住。温基人救了铁皮人和稻草人。

师：游历到这里，我不禁为四位小伙伴捏了一把汗，接下来还有什么坎坷的经历呢？我们继续往前走。

3. 自学并交流

（1）师：从西方女巫居住地回到翡翠城，翡翠城到卡德林居住地，卡德林居住地到堪萨斯。他们又遇到了什么困难，怎么克服困难，借助谁做了什么事进行概括。请我们前面学过的方法进行自主学习。

（2）学生自主学习，老师巡视。

（3）生交流。

①从西方女巫居住地回到翡翠城。

预设：伙伴们迷路得到田鼠女王指点，飞猴帮助回翡翠城，三个伙伴实现愿望。

②翡翠城到卡德林居住地。

预设：多萝西回家愿望落空，稻草人被战斗树袭击，铁皮樵夫砍战斗树，狮子成为百兽之王。

③卡德林居住地到堪萨斯。

预设：多萝西得到南方女巫的帮助回到了家。

师：我们抓住谁遇到什么困难，怎么克服，借助谁干什么，概括了事件，了解了书中的四位小伙伴。

师出示幻灯片，小结：这一路，多萝西和稻草人、铁皮人、狮子一起走出了可怕的罂粟田，杀死了高傲的乌鸦、凶狠的头狼、可恶的黑蜂，战胜了邪恶的西方女巫……一路上历经千辛万苦，多萝西终于回到了堪萨斯，其他三个伙伴也实现了自己的愿望。

【设计意图】用小标题概括事件，对学生来说，有一定的难度。第一个环节，老师带着学生概括。教给学生方法：抓住"谁遇到什么困难，怎么克服"，借助"谁干什么"进行概括。第二个环节小组合作完成。第三个环节，学生自主实践，在体验中尝试运用学到的方法。由扶到放，重方法指导，重实践体验，迁移运用。

活动四：细品读，生疑问

师：三个小伙伴是怎样实现自己的愿望的呢？出示幻灯片：

（　　）给稻草人（　　　　）

（　　）给铁皮樵夫（　　　　）

（　　）给狮子（　　　　）

1. 学生自主填写。

2. 生交流，预设：奥兹给了稻草人大脑，奥兹给了铁皮樵夫心，奥兹给了狮子勇气。

师：奥兹是怎么给他们大脑、心和勇气的呢？请拿出资料，默读一下，看看你有什么疑问。

预设：其实并不是奥兹给他们大脑、心和勇气的。请大家看文字，奥兹只是把麦麸和糠，钉子和针装进了稻草人的脑袋里；给铁皮樵夫的漂亮的心，是用丝绸缝制的，里面填了锯末；给胆小狮喝的，奥兹说是勇气，其实就是绿瓶里倒出来的东西。

师：你阅读细心，有自己独特的思考，我欣赏你。还有补充吗？

预设：其实，是稻草人自己给了自己大脑，铁皮人自己给了自己心，胆小狮自己给了自己勇气。

预设：其实是他们在历险的过程中获得了大脑，心和勇气的。

师：这是一个了不起的发现。是不是这样的呢？我们继续研究。

【设计意图】初读，很可能会认为是奥兹给了稻草人大脑，给了铁皮樵夫心，给了狮子勇气。我引导学生通过品读相关文字，心生疑问，并从文段中找到依据。这里的理解关系到对本书主题的探究，学生品读，体味，感悟出的，印象会尤为深刻。更重要的是培养学生质疑的习惯，学会思考，这是阅读的一个重要任务。

活动五：找信息，解疑问

1. 布置研究任务

师：请大家拿出思维导图，每个小组选择一个人物进行研究，用一种颜色的笔，勾出过程中做了什么事，看看他们的大脑、心、勇气是怎么得来的，是什么时候得到的。

2. 分组研究

3. 交流发现和思考

预设：

生1：狮子胆子小，遇到敌人会吓得发抖，但它也咬紧牙关向前冲，它还敢和怪兽搏斗。

生2：稻草人在情况紧急的时候脑子转得比谁都快，总能想出一个机灵的点子。

生3：铁皮樵夫很有爱心，它时常帮助大家。

……

小结：听完大家的交流，我们明白了，真正给稻草人大脑，给铁皮樵夫心，给狮子勇气的并不是奥兹，而是（生：他们自己）同学们在阅读中产生了疑问，并通过自主探究解答了疑问，了不起！

【设计意图】美国教育家苏娜·丹戴克曾说：你告诉我，我会忘记；你做给我看，我就知道了；你让我自己去做，我就会了。学生在思维导图中进行勾画，分组研究，从书中的细节中找信息。通过实践体验，充分认识到：稻草人、铁皮樵夫、胆小狮是在历险的过程中收获大脑、心和勇气的。这样的自主发现对于学生是宝贵的经历。同时，也为下一个环节揭示主题自然过渡。

活动六：畅谈收获

师：读了这本书，上了这堂课，你有什么收获呢？

预设：

生1：四个小伙伴一路上经历了那么多困难，他们之间结下了深厚的友谊。

生2：其实，每个人都有自己的不足，就像在开始时，稻草人没有大脑，铁皮樵夫没有心，胆小狮没有勇气一样，后来，他们都有大脑，心和勇气。

生3：是他们经历了，才有了大脑、心和勇气的。

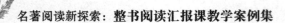

师：四位小伙伴心存友爱，遇到困难与挫折，彼此帮助，勇敢面对，在历险的过程中，勇敢承担，收获了友谊，也收获了成长。今天，我们一起探寻"仙踪"，也遇见了成长（贴课题：探寻"仙踪"，遇见成长）也希望在未来的学习、生活、工作中同样善良的我们拿出勇气、自信、勇于担当，用心经历，收获成长。

【设计意图】好的作品总能给人多元启发。鼓励学生多角度思考，同时，从作品中汲取生长的力量。

活动七：推荐课外书

推荐大家去读读《爱丽丝漫游仙境》《尼尔斯骑鹅旅行记》，开启一段同样精彩的阅读之旅。

【设计意图】激发学生继续阅读童话的兴趣，鼓励在同类阅读中进行深度思考。

七、板书设计

探寻"仙踪"，遇见成长

——《绿野仙踪》整书汇报交流

借助起因、经过、结果讲故事
借助"谁做了什么事"概括故事
细细品读　产生疑问
自主探究　解决疑问

（建议年级：小学四年级）

浴柳林之风，悟友情真味

——《柳林风声》任务群教学设计

成都棠湖外国语学校　李小琴

【书籍简介】

《柳林风声》是一本妙趣横生的动物童话。讲述了在风光旖旎的河畔，热爱冒险、明白事理的鼹鼠，聪明善良、热情好客的河鼠，睿智稳重、备受尊敬的獾，爱慕虚荣、喜新厌旧的癞蛤蟆居家度日，外出旅行，离家历险，齐心协力夺回家园的故事。

这是一部充满田园牧歌风情的经典童话，作品中扣人心弦的情节，鲜明的人物形象，多元的故事主题深深地打动了千千万万的儿童和成人。

阅读《柳林风声》，那些诗意盎然的语言如珍珠般晶莹剔透，璀璨夺目。阅读它，如沐杨柳风。阅读它，学生会更加珍惜友情，勇敢面对困难和挫折，并在战胜困难与挫折的过程中，不断成长，不断完善自我。学生在故事情节、人物形象、故事主题的品味中发现童话创作的奥秘——情节虚构，曲折动人；人物个性鲜明，合乎属性，能投影社会；主题充满了真善美。

【任务群教学设计】

一、学习主题和内容

（一）学习主题

浴柳林之风，悟友情真味

（二）学习内容

动物童话《柳林风声》

二、学习目标与课时安排

（一）学习目标

1. 借助创作背景，激发阅读兴趣；猜读精彩情节，唤起阅读热情；根据阅读计划自主阅读《柳林风声》，了解故事内容。

2. 讲述柳林趣事，初步感悟友情的真谛；制作人物名片，介绍柳林明星，初步感悟人物形象。

3. 学习运用"绘制情节曲线"梳理故事情节，"借助思维导图"分析人物性格特点，"联系生活"感悟友情、家园、成长等多元主题。

4. 感悟童话在故事情节、人物形象、故事主题方面的创作特点。

5. 用学到的阅读童话的方法，拓展阅读同类童话书籍。

（二）课时安排

6—7 课时

三、学习情境

柳林河畔，风光旖旎。初夏的一个早晨，阳光明媚。河岸恢复了原来的样子，河水像往日一样流淌。火热的太阳，像是用无形的绳子，拽着所有绿色的植物，从泥土里茂盛地向上生长。鼹鼠、河鼠、獾和蛤蟆，他们会有怎样有趣又离奇的经历呢？又是怎样共渡难关的呢？让我们一起走进杨柳河畔，沐浴一场柳林之风，置身野树林中，经历一番奇趣历险，见证一份朋友真情。让我们一起出发吧！

四、学习任务与学习活动

学习任务与学习活动设计

主题情境	学习任务	学习活动	课时安排
浴柳林之风 悟友情真味	任务一：走进柳林河畔 开启阅读之旅	1. 借助创作背景，唤起好奇之心。 2. 猜读精彩情节，点燃阅读热情。 3. 制订阅读计划，开启柳林之旅。	1

主题情境	学习任务	学习活动	课时安排
浴柳林之风 悟友情真味	任务二：沐浴柳林之风 悦读柳林故事	1. 自主阅读故事，悦享"柳林"之趣。 2. 讲述柳林趣事，初悟友情点滴。 3. 制作人物名片，介绍柳林明星。	2
	任务三：探索柳林奥秘 见证林中友情	1. 串联柳林人物，讲述柳林故事。 2. 绘制情节曲线，感受故事奇趣。 3. 借助思维导图，解析友人特性。 4. 统整友爱故事，领悟朋友真意。	1
	任务四：运用阅读方法 阅读同类书籍	1. 阅读同类书籍，分享精彩故事。 2. 研析多样"友人"，感受特色友情。 3. 对比两书异同，深化友情之思。 4. 制作友情书签，募集友爱智慧。	2—3

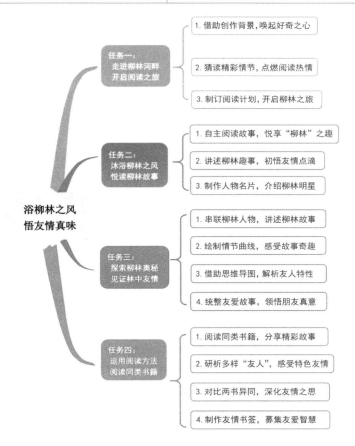

五、过程性评价与单元测评

过程性评价与单元测评设计

评价类型	内容	基本标准
过程性评价	走进柳林河畔 开启阅读之旅	1. 能了解创作背景，对阅读充满期待。 2. 根据目录，一边猜一边读精彩情节，点燃阅读热情。 3. 在老师的带领下，制订阅读计划，并按计划阅读整本书，主动批注阅读感受。
	沐浴柳林之风 悦读柳林故事	1. 能自主阅读故事，感受柳林故事的乐趣。 2. 能讲述柳林趣事，初步感悟友情的真谛。 3. 能选择喜欢的人物制作名片，在班级做介绍。
	探索柳林奥秘 研析童话特点	1. 能串联主要人物，完整简洁地讲述故事。 2. 能绘制情节曲线，感受故事的奇趣。 3. 能借助思维导图，感悟人物个性鲜明、合乎属性、投影社会的特性。 4. 统整柳林中友爱的故事，领悟朋友的真意。
	运用阅读方法 阅读同类书籍	1. 阅读同类书籍《夏洛的网》，分享精彩的故事情节。 2. 借助人物思维导图，分析人物形象，感悟友情的真谛。 3. 对比两书异同，加深对友情的认识。 4. 制作友情书签，通过相互赠送来传递友情。
单元测评	《柳林风声》读书推荐会	1. 回顾阅读过程，积极总结、分享，相互学习好的阅读方法。 2. 通过制作书签，读书分享会，故事分享会等方式交流阅读体会。 3. 能撰写《柳林风声》好书推荐，并与家人、朋友分享，推荐更多朋友阅读此书，收获不同的成长。

六、资源与工具

（一）资源

《柳林风声》书籍、音频资源、有声图书等。

（二）工具

阅读计划、阅读闯关题、过程性评价量表、故事情节线、人物思维导图、人物名片、阅读评价量表等。

七、设计说明

为了引导学生深入研读《柳林风声》这样一部妙趣横生、温馨有爱的经典动物童话，我们做了主题为《浴杨柳之风，悟友情真味》的任务群教学设计。通过任务一了解创作背景，猜读精彩情节，点燃阅读热情。师生共同制订阅读计划，并按计划阅读整本书。通过任务二讲述柳林趣事，初步感悟友情的真谛。能选择喜欢的人物制作名片，在班级中做介绍。通过任务三串联主要人物，完整简洁讲述故事。绘制情节曲线，感受故事的奇趣。借助思维导图，感悟人物个性鲜明、合乎属性、投影社会的特性。统整柳林中友爱的故事，领悟朋友的真意。通过任务四阅读同类书籍《夏洛的网》，分享精彩的故事情节。借助人物思维导图，分析人物形象，感悟友情的真谛。带领学生对比两书异同，深化对友情的认识。制作友情书签，相互赠送，传递友情。

【教学设计】

浴柳林之风，悟友情真味

——《柳林风声》任务群教学设计

一、学情分析

四年级学生有一定阅读量，阅读童话的兴趣浓厚。《语文课程标准》指出，三、四年级学生要能初步把握文章的主要内容，体会文章表达的思想感情。能复述叙事性作品的大意，关心作品中人物的命运和喜怒哀乐，与他人交流自己的阅读感受。学生在单篇文章和其他整本书学习中练习过提炼小标题，概括主要内容。本堂课，我们将借助故事情节线继续练习概括讲故事，将用小标题梳理事情，提炼人物个性，制作人物形象思维导图。关注主题，感悟多元的主题。

二、教学内容

任务三——探索柳林奥秘，见证林中友情

三、教学目标

1. 串联故事中的人物，概括完整地讲述故事。

2. 学习运用"绘制情节曲线"梳理故事情节，"借助思维导图"分析人物性格特点，联系生活感悟友情、家园、成长等多元主题。

3. 感悟童话在故事情节、人物形象、故事主题方面的创作特点。

四、教学重难点

1. 学习运用"绘制情节曲线"梳理故事情节，"借助思维导图"分析人物性格特点，联系生活感悟友情、家园、成长等多元主题。

2. 感悟童话在故事情节、人物形象、故事主题方面的创作特点。

五、教学准备

教师准备：

课件、故事情节卡片、板书卡片。

学生准备：

1. 读《柳林风声》3 至 5 遍，每一章主要讲了什么故事，用小标题来概括。

2. 从蛤蟆、獾、水鼠、鼹鼠中选择你最感兴趣的一个，查找资料，了解外形特点和生活习性。

课前谈话：

1. 师：每个人都有要好的朋友，你能两三句话为我们介绍介绍你的好朋友吗？

2. 在柳林河畔，也有一群动物朋友，他们之间又有哪些令人难忘的故事呢？

六、教学过程

导入：回顾已学任务，引入本节课内容

同学们，这段时间我们读了《柳林风声》这本书，在前面的阅读学习中，我们依据阅读计划，完成了自主阅读；了解了柳林中的趣事，初识了柳林人物，感受了小动物之间的友情。这节课，让我们一起去探索林中奥秘，见证林中友情。

活动一：猜猜人物，引出故事主人公

师：请看大屏，默读文字，猜猜他是谁。

1. 一张棕色的小脸，腮边有两撇胡须。一张神情严肃的圆脸，眼睛里闪着光，就是一开始引起他注意的那种光。一对精巧的小耳朵，一头丝一般浓密的毛发。（河鼠兰特 + 卡通图片）师：叫叫他的名字。

2. 可怜的他独自站在路上，他的心都撕裂了。他感到，胸中有一大股伤心泪，正在聚积，胀满，在严峻的考验面前，他对朋友的忠诚仍毫不动摇。（鼹鼠莫尔 + 卡通图片）师：和它打个招呼吧！

3. 鼹鼠早就想结识他，各方面的消息都说，他是个顶顶了不起的人物，虽然很少露面，却总让方圆一带所有的居民无形中都受到他的影响。（獾子班杰＋卡通图片）师：小朋友们好，我是獾子班杰。

4. 世界上有许多英雄人物，历史书籍上曾有过记载；但是没有一个著名英雄，能比得上了不起的我！牛津的教授聪明又博学，懂得世界上的万事万物。但是他们的知识没有一个能比得上聪明无双的我！

（蛤蟆托德＋卡通图片）师：大家好，我是蛤蟆托德。

【设计意图】读文字，猜人物，是一项阅读检测。同时，四位主人公一一出场，创设了情境，为后续的阅读交流拉开了序幕。

活动二：借助支架，完整讲故事

1. 串联人物概括讲故事

（1）幻灯片出示4个人物。（水鼠……鼹鼠……獾子……蛤蟆……）

（2）师：你能串联四个人物，用两三句话概括地讲讲这个故事吗？预设：讲述了水鼠、鼹鼠、獾子、蛤蟆，居家度日，外出旅行，离家历险，齐心协力夺回家园的故事。（师评：你能简洁概括地讲故事，能干！）

（3）师：这本书主要讲了四个动物的故事。（贴词语：动物。）

2. 借助故事情节线完整讲故事

（1）师：课前，我们做了故事情节线。拿出你的故事情节线图。

（2）师：请大家看看，把书上的主要故事囊括完了吗？故事概括得简洁吗？
生评价，尝试把不够简洁的用关键词改简洁。师：接下来你就这样改简洁。

（3）师：用自己的语言，把这些小标题串联起来，完整地来讲一讲故事。注意，不展开讲细节。
生评价，预设：故事讲得完整、简洁。

【设计意图】怎么把厚书读薄？通过串联人物讲故事，再通过借助事先完成的故事情节线图，将故事讲完整。同时，通过师生评价，促进学生调整，将故事讲得简洁。

活动三：绘制情节曲线，感悟情节特点

1. 师：我也梳理了书中的故事。原本，我平静地捧起这本书，随着鼹鼠水鼠两鼠相识，我走进了故事，当读到蛤蟆和小伙伴旅行遇车祸，我的心都揪紧了，提到了嗓子眼。（把词卡"旅行中遭遇车祸"往上移。）雪地遇险我一样紧张，幸好兰特和莫尔遇到班杰受到款待，我的心可以缓一缓。（越是紧张越是抓住你的心，越向上。）你能像我一样谈谈心情，摆摆卡片吗？

2. 生摆放卡片，讲心情。

3. 我们把这些情节点连起来，就构成了情节曲线，情节高低起伏，我们的心情也起起伏伏。故事的情节是那样……（贴词语：曲折动人）

4. 师：这么精彩的故事，是真的吗？

预设：不是真实的，是虚构的。动物当作人来写（拟人）。

师小结：通过虚构、拟人等，编织了这本童话故事。这是一本"动物童话"，贴词"童话"。

【设计意图】老师示范讲述阅读心情，摆放故事卡片，学生操作、体验，师生共同绘制情节曲线，感悟童话曲折动人的特点，学生容易领会。同时，适时揭示本书类型——"动物童话"，有水到渠成之效。

活动四：借助思维图，感悟人物形象

1. 师：动物童话讲了小动物们的哪些故事？可以看出他们怎样的性格特点呢？

2. 老师示范。大家看，这是我在整理故事情节线时概括的关于鼹鼠莫尔的主要故事和它的性格。莫尔的故事有：雪地冒险，可以看出他胆小但又生性喜欢冒险；帮蛤蟆夺回家园，可以看出他心地善良；和水鼠回家，我感受到莫尔的宽容体贴、心地善良。

3. 师：这种梳理的方法，你会了吗？下面，我们一起来借助情节曲线，完成人物思维导图。

请看学习提示：①四人学习小组选择一个小动物，梳理主要故事。②从故事中你读到怎样的性格，批注在旁边。

4. 分组汇报，其余小组听，评价和补充。

师小结：如大家所说

水鼠兰特，真诚友好，善解人意，乐于助人，热情好客，宽容体贴，充满浪漫诗意，务实，精明能干，水上营生（游泳，划船），家务（烹制美食，家常膳食，居家度日）。

鼹鼠莫尔，胆小怕事但又生性喜欢冒险、宽容体贴、谨慎本分，心地善良，乖孩子。

獾，侠义十足、具有领袖风范，不喜欢社交，蛤蟆已故的父亲的生前至交，严厉而慈祥。

蛤蟆，喜欢吹牛、炫耀、追求时髦、虚荣浮夸，不断追求新事物，喜欢冒险刺激，喜新厌旧。（坏小子，调皮的男孩）

师：他们的个性是那样的鲜明。（贴词语：个性鲜明）

5. 故事里的四个人物是这样的，课前我们收集了真实世界的他们，请拿出来练习资料，结合我们刚感悟的人物个性，讨论：这4个角色可以互换吗？比如，让蛤蟆来当班杰。

故事里人物的塑造要合乎动物本来的属性。（贴词语：合乎属性）背景补充：格雷厄姆总会在夜晚入睡前给年仅 4 岁，昵称"耗子"的儿子讲故事。在最初的讲述中，除了蛤蟆、鼹鼠和河鼠等动物外，还有长颈鹿这样的庞然大物，但由于这样的大型动物不太适合进入柳林河岸的动物世界，所以后来被舍弃了。后来，儿子按计划要跟随家庭女教师外出度假。但他却不愿意离开，因为他要继续听爸爸讲故事，于是格雷厄姆答应用写信的方式给儿子继续讲下去。他没有爽约，连续几个月按时将故事写下来寄到儿子那里，由女教师读给儿子听。这些写在书信里的故事自然成了《柳林风声》的组成部分。

6. 如果组成一个家庭，他们各自代表了谁呢？（连线：8 幅图）阐述理由。

7. 师：4 位小动物的故事像发生在一个家庭里，投影着社会。

【设计意图】充分借助前面阅读工具——情节线，制作人物思维导图，通过思维导图，分析人物性格。让思考有所依据，让发现有所依托。同时，借助搜集的资料，联系生活，充分感悟童话故事的人物特点。

活动五：梳理学习收获，感悟童话主题。

1. 师：读了这本书，你明白了什么？（成长、友情、冒险、家园、创造）

师：从几个动物的故事，他们之间的关系，你体会到什么？（友情、冒险、探索、成长、人与人之间的和谐、动物和自然的和谐……）

师：每一部好的作品，主题都不是单一的指向，都是丰富的，多样的，能让人受到很多启发。不管哪个主题，最终都体现真善美，比如《白雪公主》《海的女儿》。

2. 师：今天我们学习了如何绘制故事情节曲线，画人物思维导图，联系生活感悟主题，这是童话类书籍的阅读方法。我们不光学会了阅读童话，还可以尝试创作童话啦！创作童话时，要注意曲折动人的故事情节，虚构和拟人，人物个性鲜明，合乎属性，故事主题投影社会，饱含真善美。期待你们的童话创作！

【设计意图】通过讨论，学生交流本书主题。通过老师的点拨，感悟童话真善美的主题特点。主题的渗透是为学生精神成长赋能。通过课堂小结，再次梳理本堂课学习要点，复习巩固阅读童话类书籍的阅读方法和创作特点。

活动六：推荐课外书

推荐大家课后去读另外一本经典动物童话《夏洛的网》，开启另外一段奇妙的阅读旅程，感悟友情的真味。

【设计意图】从读一本书到读另外一本书，到读一类书。一类又一类，到茫茫书海，让经典浸润童年。

七、板书设计

浴柳林之风，悟友情真味

——《柳林风声》整书汇报交流

		曲折动人
绘制故事情节曲线	故事情节	
		虚构和拟人
		个性鲜明
画出人物思维导图	人物形象	合乎属性
		投影社会
联系生活感悟主题	故事主题	真善美
（读书方法）	（创作密码）	师小结：读书方法　创作密码

（建议年级：小学四年级）

探析文明起源

——《中国古代神话故事》任务群教学设计

成都棠湖外国语学校　李多多

【书籍简介】

　　《中国古代神话故事》是一本神话故事集，一共记载了 30 个古代神话故事，大致可以分为三大类：表现古人对大自然认识的创天立地故事；表现古人战胜自然的惊天动地故事；表达古人对美好生活追求的天上人间美事。书中的神话故事在保留原著精髓的基础上改编为图文并茂形式，语言浅显易懂，故事生动有趣，适合小学中段阅读。中国古代神话是由古代先民口口相传流传至今，记载着上古时期的文明，是中华文明起源的见证。它想象奇特，表现夸张，具有宏伟的气魄和浓郁的浪漫主义精神，反映了古代先民对自然和世界天真淳朴的想象，以及对生活的美好向往。

　　阅读《中国古代神话故事》不仅可以使学生感受神话故事的奇特，而且能够启发学生去探索中华民族的文化和民族精神，以丰富学生的精神世界，培养学生的想象力和创造力，锻炼学生的形象思维。阅读《中国古代神话故事》是中国民族文化传承的一种方式，更能彰显我们的文化自信。

一、学习主题和内容

（一）学习主题

探析文明起源

（二）学习内容

《中国古代神话故事》

二、学习目标与课时安排

（一）学习目标

1. 制订阅读计划，自主完成阅读，了解书中的每一个故事，并能对印象深刻的故事进行复述，激发阅读兴趣。

2. 能记录书中的神奇的人和事。借助思维导图梳理故事中诸神脉系，借助表格梳理诸神特征，并展开交流讨论。培养学生的信息提取、概括能力和语言表达能力。

3. 运用寻读、跳读的方法提取信息，学习运用表格和故事情节曲线等可视化工具梳理故事人物和故事情节，并能学会运用分类、统整信息的方法发现神话故事的创编密码和神话人物的神奇之处。锻炼学生的思维，培养学生的阅读理解能力。

4. 通过对故事的分类统整，进一步启发学生思考神话的创作目的，感受古人战胜自然的决心和对美好生活的追求。丰富学生的精神世界，感受中华文明。

5. 通过神话创编和神话演绎传颂先祖文明，彰显文化自信。

（二）课时安排

8 课时

三、学习情境

天地是怎样来的？我们中华民族又是怎样起源的？我们的祖先又是怎么生活的？我们对此充满了好奇，那么今天让我们一起走进《中国古代神话故事》这本书，去解开我们心中的疑惑。

四、学习任务与学习活动

学习任务与学习活动设计

主题情境	学习任务	学习活动	课时安排
探析文明的起源	任务一：漫游神话王宫	1. 了解书籍信息，规划漫游之旅。 2. 自主阅读故事，开启神话宫殿。 3. 记录神奇人事，分享神奇感受。	3
	任务二：乐讲神话故事	1. 制作"诸神"名片，介绍心中"大神"。 2. 赛讲神奇传说，评选最奇故事。 3. 梳理"古神"脉系，了解史实文明。	2

主题情境	学习任务	学习活动	课时安排
探析文明的起源	任务三：探秘神话之奇	1. 借助目录回忆，感知题目特点。 2. 研究神奇人物，解密人物之奇。 3. 解析故事结构，发现讲述秘密。 4. 追问"神奇"内涵，领悟神话意义。	1
	任务四：创演神话剧场	1. 竞选神话编剧，改写神话剧本。 2. 演绎神话故事，传颂先祖文明。	2

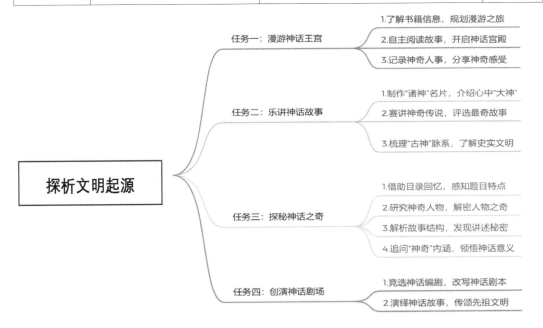

五、过程性评价与单元测评

过程性评价与单元测评设计

评价类型	内容	基本标准
过程性评价	漫游神话王宫	1. 能制订一份完整的阅读计划并按计划阅读完整本书。 2. 能完成不同章节的"阅读任务卡"，梳理故事中神奇的人、事、物。 3. 能分享交流自己的阅读成果。

续表

评价类型	内容	基本标准
过程性评价	乐讲神话故事	1. 能抓住"诸神"的特征绘制"诸神"名片，并展开交流介绍心中"大神"。 2. 能借助思维导图，梳理"古神"脉系，了解史实文明。 3. 能用自己的话复述印象深刻的故事。
	探秘神话之奇	1. 通过内容重构，能梳理神话故事中人物的神奇之处，通过表格统整分类，能发现神话人物神奇的奥秘。 2. 通过内容重构、表格统整分析能发现神话的叙事结构。 3. 通过对故事的分类、整合、分析能认识神话的意义：知道神话表现的是人类对美好生活的向往，对大自然的探索精神。
	创演神话剧场	1. 能展开想象改写神话剧本，培养创新能力。 2. 能分工演绎神话故事，传颂先祖文明。
单元测评	畅游古代神话 感受民族精神	1. 回顾自己阅读的过程，能梳理总结神话故事的基本元素。 2. 能在线下"读书交流会"或线上"班级读书互动平台"上与小伙伴展示、分享自己阅读成果和心得体会等。 3. 能运用神话的基本元素，创编自己的神话故事。

六、资源与工具

（一）资源

《中国古代神话故事》书籍、音频资源、有声图书等。

（二）工具

阅读计划、阅读题单、过程性评价量表、情节思维导图、人物名片、阅读记录……

七、设计说明

《中国古代神话故事》整本书阅读任务群教学设计，旨在引导学生有计划地阅读，在阅读中感受神话的世界与众不同，在阅读中通过内容重构、分类整合的方法提取故事信息，感受神话中的奇特元素，运用表格等视觉化策略梳理神话人物形象特点。通过对照阅读，整合信息分析神话故事的独特结构，并进一步引导学生深度阅读感受神话故事的意义。在教学过程中，学生不仅能培养提取信息、分类整合、对照分析的能力，也能感受中国古代神话故事的趣味，激发阅读神话故事的兴趣。

过程性评价要求学生在整本书阅读过程中，通过自评、互评等方式主动梳理、展示和分享自己对神话故事内容把握、人物形象感悟、神话意义探究等方面的阅读体验和阅读收获，并及时调整和改进自己的阅读方法，提高阅读效果。单元测评要求学生用自己的方式分享读书心得，回顾梳理整个学习过程，为后续的整本书阅读积累经验。

【教学设计】

走进神话故事

——《中国古代神话故事》整书汇报交流

一、学情分析

四年级学生已经养成了一定的阅读习惯，具备了提取信息、整合信息、分析信息的基本能力，阅读视野逐渐扩大，对中国文化开始感兴趣。此外，学生的想象力处于发展的高峰，对于幻想类文学感兴趣。对本次教学，选择《中国古代神话故事》来进行阅读汇报交流课，目的是引导学生学会运用对照阅读的方法感受中国古代神话故事的特点，知道中国古代神话故事的意义，学会阅读神话故事。

二、教学内容

任务三——探秘神话之奇

三、教学目标

1. 通过内容重构，梳理神话故事中人物的神奇之处，能够发现神话人物神奇的奥秘。
2. 通过对照分析认识神话的叙事结构。
3. 通过分类、整合，发现神话的意义，知道神话表现的是人类对美好生活的向往，对大自然的探索精神。

四、教学重难点

通过对照分析认识神话的叙事结构。通过分类、整合，发现神话的意义，知道神话表现的人类对美好生活的向往，对大自然的探索精神。

五、教学准备

教师准备：

课件、板书、课堂题单。

学生准备：

熟读书籍，能够复述故事的主要内容。

六、教学过程

导入：回顾以往活动，走进神话故事

请学生讲述自己印象最深刻的神话故事。今天，我们将走进任务三"探秘神话之奇"，一起去探寻神话的神奇之处。

【设计意图】回顾整个任务群的阅读经历，激活学生头脑中储存的信息，帮助学生建立新旧知识的联结。明确本堂课的目标，让学生们的学习更有目标感。

活动一：借助目录回忆内容，感知题目特点

1.阅读检测，回顾故事目录

（1）天地怎么来的？

（2）人是怎么来的？

（3）从什么时候有了春夏秋冬四季轮回？

（4）天上为什么只有一个太阳？

（5）汉字怎么来的？

预设：学生回顾故事名称抢答问题：《盘古开天辟地》《女娲造人》《女娲补天》《羿射九日》《仓颉造字》

2.请生观察这些题目，谈发现

预设：（都是谁＋干什么）（课件出示）

3.请生补充主要人物加主要事件的题目

预设：《嫦娥奔月》《神农……》《……》（课件出示）

书中还有一些题目是以主要人物命名的，请生来补充

请生根据提示来补充题目。

课件出示：燧人氏（　　）沉香（　　）

预设：《钻木取火》《劈山救母》

课件出示：（　　）化云雨　　（　　）会鹊桥

预设：《神女瑶姬》《牛郎织女》

从题目思考神话故事有什么特点？

预设：神奇的人　神奇的事

【设计意图】此环节引导学生感受神话故事的题目特点，题目往往也是故事的主要内容的概括和中心思想的体现，因此通过整合题目，对照分析，能够快速地让学生把握住整本书讲述的故事内容就是神奇的人和神奇的事。

活动二：研究神奇人物，揭秘人物之奇

1. 认识故事中的人物

课件出示《黄帝四面》《哪吒闹海》《劈山救母》三个故事的图片，让学生思考图片中的人物是谁。

预设：黄帝、哪吒、沉香。

2. 四人小组合作讨论人物有哪些方面的神奇，并填写在对应的思维导图单上。

（1）出示文本：《黄帝四面》《哪吒闹海》《劈山救母》四人小组合作讨论。

（2）汇报思维导图。

展示学生思维导图单（预设）：

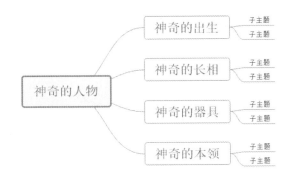

3. 利用表格整合信息，分析神话人物神奇的奥秘

出示挂图：

故事名字	主要人物	神奇之处
《哪吒闹海》	哪吒	出生、法器、本领、结局
《黄帝四面》	黄帝	出生、长相、本领
《劈山救母》	沉香	出生、法器、本领、结局

总结：由此可见，神话故事中的人物之所以神奇是因为他们都有神奇的出生、神奇的长相、神奇的器具、神奇的本领。

【设计意图】读懂一本书不仅要读懂故事内容还要进一步挖掘这本书的独有的魅力，读神话故事当然不能止步于体会故事的神奇有趣，还要引导学生去探索故事背后作者的构思艺术。此环节引导学生利用思维导图进行内容重构，用图表整合分析的方法探索神话人物神奇的奥秘。

活动三：解析故事结构，发现讲述秘密

1. 学方法

课件出示快速浏览《盘古开天辟地》《愚公移山》《劈山救母》三幅图，试着用自己的话来概括故事的主要内容。

预设：《盘古开天辟地》讲的是天地混沌之时盘古拔牙化斧、砍开天地，用身体顶天立地，最后化身大地的故事。

课件出示表格：（根据生的回答逐一出示。）

预设：

盘古	天地混沌	拔牙化斧　砍开 顶天立地　托举	化身大地

预设：天地一片混沌，这是事件的起因。

预设：盘古拔牙化斧、顶天立地，这是事件的经过。

预设：死后化作大地和星辰，这是事件的结果。

2. 用方法梳理故事的结构

（1）讲讲《神农尝百草》的故事的起因，经过，结果

课件出示表格：（根据生的回答逐一出示。）

愚公	大山	招神鸟种五谷 天神赐赭鞭、不死药	事半功倍 研制几百种草药
沉香	母亲被囚华山	练习七十三变 炼制神斧 劈山救母	救出母亲 家人团聚

（2）纵向观察分析表格，思考这些故事的起因、经过、结果都有什么共同之处。

预设：起因都是遇到的困难，经过都是讲如何克服困难，结果都是得到一个神奇的结局。

总结：神话故事原来就是按照谁遇到了什么困难，然后克服困难，最终得到一个

神奇的结局这样的故事形式来讲述的。这就是神话故事讲述的奥秘。

【设计意图】此环节继续引导学生认识神话故事的独特创作艺术，从上一个环节认知人物描写艺术转向认知故事的构思艺术。

活动四：追问"神奇"内涵，领悟神话意义

1. 故事分类

（1）思考《盘古开天辟地》讲述的主要内容，并选择类似内容的故事。

预设：（天地是怎么来的？）

探索神话故事的意义				
盘古开天辟地				
愚公移山				
劈山救母				
黄帝四面	牛郎织女	女娲补天	大禹治水	七仙女与董永
精卫填海	夸父逐日	黄帝战蚩尤	白娘子与许仙	

预设：女娲补天　女娲造人

（2）思考《愚公移山》故事内涵，并寻找类似的故事有哪些。

预设：《钻木取火》《羿射九日》

（3）思考《劈山救母》的故事内涵，并寻找类似的故事有哪些。

预设：他在追求美好的团聚《牛郎织女》《七仙女与董永》

2. 根据分类对照分析神话故事的题材类别

通过表格统整思考，每一类故事的相同之处是什么？

预设：第一类故事讲创天立地的故事，第二类故事讲感天动地的事，第三类故事讲天上人间的美事。

3. 小组合作，深入思考神话故事创作的意义

（1）思考：我们的祖先为什么要讲述这些故事？

课件出示活动要求：请四人小组合作选择其中一类故事进行讨论，得出结论。

（2）思考：创天立地的故事中的"天"和"地"真的是这样创造出来的吗？

预设：这只是古人对自然的一种认识。（贴板书：认识自然）

（3）思考：那些感天动地的事有什么共性？

预设：要战胜自然（贴板书）

（4）思考：那些天上人间美事有什么共性？

预设：美好的生活（贴板书）

4.总结意义

师：同学们，你们今天真能干，不仅发现了神话人物之所以神奇的奥秘，而且还发现了神话故事讲述的奥秘和神话故事的意义。

原来神话故事创作起源于咱们祖先希望认识自然，改变生活的环境以及追求美好的心愿，所以他们创编出这么美好又动人的神奇故事。

【设计意图】读一本书不仅是读者和文本的对话，还是读者与作者的对话。探究书籍的意义、作者的创作意图是把一本书读深刻的必经之路，因此这个环节是本堂课的教学重难点。为了降低难度帮助学生顺利达到目标，需要搭建脚手架层层引导，即从进行故事内容分类到分析题材类别再到分析神话的意义。

活动五：拓展延伸，启发阅读

思考：别的国家别的民族他们又是怎么看待这些问题的呢？怎么讲故事的呢？推荐你们去读西方的神话故事，如《古希腊神话故事》《北欧神话故事》。

【设计意图】神话故事来源于民间创作，代代相传，承载着一个时代一个民族的文化，每个国家都有自己的神话故事，每一个民族对相同的问题也都有不一样的认识，因此学会从神话故事反观民族文化，去读不同国家的神话，对学生来说是一个拓展阅读视野，开阔眼界，认识世界的好途径，也是训练自己深度思考的好机会。

七、板书设计

走进神话故事

——《中国古代神话故事》整书汇报交流

神奇的人物		神奇的事	
出生	长相	创天立地	认识自然
器具	本领	感天动地	战胜自然
		人间美事	追求美好

（建议年级：四年级）

认识特别豆豆，感受特别真爱

——《窗边的小豆豆》任务群教学设计

成都棠湖外国语学校　肖雪玲

【书籍简介】

《窗边的小豆豆》是一本著名的儿童文学作品，由日本作家黑柳彻子所著。这本书首次出版于 1981 年，是根据作者自己的童年经历改编的。故事讲述了一个名叫小豆豆（本名黑柳彻子）的小女孩因为独特的性格和行为，在一年级的时候就被原来的学校劝退，之后转学到名为"巴学园"的新学校的故事。

巴学园是一所非常特别的学校，它由一位开明且充满爱心的校长创办。学校的教室由旧电车改造而成，课程安排也非常灵活，可以根据自己的兴趣选择先上什么课。在这里，小豆豆遇到了许多有趣的事情，结识了各种各样的朋友，并逐渐成长为一个更加自信、快乐的孩子。

阅读《窗边的小豆豆》，能让小学生了解到学习可以是充满乐趣的，也能启发他们对教育多样性的思考。小豆豆的成长经历可以让学生明白，自己的一些小缺点也能被接纳，有助于增强他们的自信心和自我认同感，还能引导小学生学会理解和尊重他人的差异，培养包容的心态，让学生学会爱，接纳爱，传递爱。

【任务群教学设计】

一、学习主题和内容

（一）学习主题

认识特别豆豆，感受特别真爱

（二）学习内容

《窗边的小豆豆》

二、学习目标与课时安排

（一）学习目标

1. 了解书的封面信息，能根据已知的信息进行合理的情节预测，激发阅读兴趣，提高预测故事情节的能力。

2. 能够制订合理的阅读计划，并学会按照计划有目的地完成阅读任务，能用自己的语言讲一讲故事，提高口头表达能力和逻辑思维能力。

3. 能借助表格梳理巴学园校园、校长、课程等的不同，感受小林校长理解之下尊重的爱。

4. 能借助思维导图了解巴学园的特别、校长的特别和小豆豆的特别，从而学会做思维导图的方法。

5. 用学到的阅读小说的方法，拓展阅读同类小说。

（二）课时安排

6—7 课时

三、学习情境

我们每一个孩子都渴望被关注，我们每一个孩子内心都渴望自由，我们每一个孩子对世界都充满了好奇。我们中有一个孩子，她叫小豆豆。她被所有老师认为是一个无法教育的调皮孩子，可是到了巴学园以后，小林校长却以独特的教学方式让小豆豆成长为了一个优秀的孩子。小林校长是怎么做到的呢？小豆豆是怎么变化的呢？让我们一起踏上一段特别的旅程，去探索小豆豆的世界：去电车教室里看一看，去巴学园吃一吃"山的味道海的味道"，去和小林校长促膝谈心吧。

四、学习任务与学习活动

学习任务与学习活动设计

主题情境	学习任务	学习活动	课时安排
特别的爱给 特别的你	任务一：了解作者简介 走进特别故事	1. 了解作者故事，产生阅读兴趣。 2. 介绍故事背景，猜测特别故事。 3. 分享精彩片段，激发阅读欲望。 4. 制订阅读计划，开启特别之旅。	1
	任务二：走进豆豆生活 感受特别人事	1. 自主阅读故事，感受豆豆特别。 2. 交流特别学校，分享特别感受。 3. 对比成年生疑，激发研究兴趣。	2
	任务三：读懂温暖故事 理解特别的爱	1. 借助思维导图，讲解特别故事。 2. 研究学校特别，深入感受趣味。 3. 发现特别校长，理解爱的含义。 4. 联系生活实际，传递爱的心声。	1
	任务四：研读同类书籍 交流分享爱意	1. 梳理阅读方法，阅读同类书籍。 2. 进行故事展播，竞讲爱的故事。 3. 书写爱的感言，延续爱的接力。	2—3

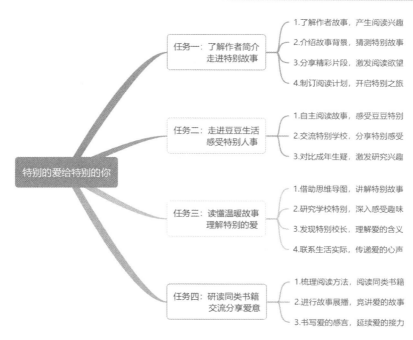

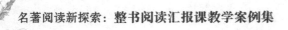

五、过程性评价与单元测评

过程性评价与单元测评设计

评价类型	内容	基本标准
过程性评价	了解作者简介 走进特别故事	1. 能阅读作者黑柳彻子的简介，产生阅读本书的强烈愿望。 2. 能借助老师介绍的故事背景，大胆猜测故事的大致情节。 3. 能在老师的带领下，阅读书中精彩片段。 4. 能在老师的带领下制订阅读计划，进行快乐阅读。
	走进豆豆生活 感受特别人事	1. 能自主阅读故事，感受故事里豆豆的与众不同。 2. 能和同学一起交流巴学园这个特别的学校，能分享自己特别的感受。 3. 能用表格表示巴学园和我们现在的学校的不同，能用自己的理解画出小豆豆的不同。 4. 能在老师的指导下查阅相关资料，了解作者长大后的思考性语言，并产生疑惑。
	读懂温暖故事 理解特别的爱	1. 能借助思维导图，给同学们讲解有趣的故事。 2. 能通过阅读文本，理解特别的学校和校长，学会做思维导图。理解爱的含义。 3. 能联系生活实际，懂得尊重和理解的爱才是真正的爱，懂得在生活中分享传递爱。
	研读同类书籍 交流分享爱意	1. 师生共同梳理阅读方法，共同阅读同类书籍。 2. 能讲述这个故事，将故事以不同的方式进行传播。 3. 能书写读后感言，将特别的爱传递到不同的地方。
单元测评	《窗边的小豆豆》 读书推荐会	1. 回顾阅读过程，能总结出做思维导图的方法，并试着做思维导图。 2. 能在班级读书分享会上分享自己阅读《窗边的小豆豆》的读书笔记，交流自己的读书体会、阅读收获等。 3. 能联系生活实际，说出自己对爱的理解，能说出自己与别人分享爱的经历或别人与自己分享爱的过程。

六、资源与工具

（一）资源

《窗边的小豆豆》书籍、作家黑柳彻子的简介、《窗边的小豆豆》视频。

（二）工具

阅读计划、人物思维导图、对比量表、过程性评价量表、阅读评价量表等。

七、设计说明

《窗边的小豆豆》是一本自传体小说，小说中小林校长特别的爱让人感动，为了让学生能理解这份爱，并学会分享爱，我分别设计了四个学习任务：了解作者简介，走进温暖故事；走进豆豆生活，感受特别人事；读懂温暖故事，理解特别的爱；研读同类书籍，交流分享爱意。第一个任务了解作者简介，走进温暖故事，旨在通过对作者的介绍、对故事背景的了解以及对精彩片段的展示，激发学生阅读本书的兴趣，并制订读书计划。第二个任务走进豆豆生活，感受特别人事，旨在于学生自主阅读的过程中进行推进和指导，让学生能感受豆豆的特别、学校的特别和小豆豆的特别，并能用表格的形式进行梳理。查找作者成年和小时候的故事，激发学生研究的兴趣。第三个任务是读懂温暖故事，理解特别的爱，在这个任务中，学生将通过思维导图讲解有趣的故事，并能在老师的指导下深入研究学校、校长的特别，通过研究校长的不同，去理解爱的含义，并能通过联系生活实际传递爱的心声。第四个任务是研读同类书籍，交流分享爱意，旨在运用学过的方法，去阅读同类的书籍，并能将故事传播出去，完成爱的接力。

【教学设计】

特别的爱给特别的小豆豆
——《窗边的小豆豆》汇报交流

一、学情分析

这是一本和学生的生活非常接近的书，对于五年级的学生来说，阅读时有很浓的兴趣。学生通过前期的学习，基本学会了用简短的语言概括书的梗概，能运用浏览、选读等方法来读懂并概括每个故事的主要内容。本次教学，选择《窗边的小豆豆》来进行阅读汇报交流，目的是教会学生做思维导图时文字要简洁、内容要全面、层级要分明，并能深化学生的认识，知道爱的真正内涵。

二、教学内容

任务三——读懂温暖故事　理解特别的爱

三、教学目标

1. 通过感受巴学园的与众不同，感受小林校长理解之下尊重的爱。

2. 通过学做思维导图，学生能知道做思维导图文字要简洁、内容要全面、层级要分明，提高学生的阅读能力和概括能力。

3. 通过理解文中特别的爱，深化学生的思想认识，知道爱的真正内涵。

四、教学重难点

1. 学会运用浏览、概括等方法做思维导图。

2. 精读故事，从故事中感知人物性格，并能联系生活实际，深化认识。

五、教学准备

教师准备：

课件、磁性小黑板、卡纸。

学生准备：

1. 阅读《窗边的小豆豆》，用表格表示巴学园和我们学校的不同，并能用思维导图画出"我眼中的小豆豆"。

2. 反复读描写小林校长典型事例的具体片段，并在书上做批注。

3. 查阅资料，了解作者黑柳彻子长大后的思考性语言。

六、教学过程

导入：回顾已学任务，引入本节课内容

同学们，这段时间我们读了《窗边的小豆豆》这本书，在前面的阅读中，我们了解了作者的简介，走进了特别故事，我们用表格梳理出了不同，感受了巴学园中特别的人和事。今天，让我们再次走进《窗边的小豆豆》，去读懂书中温暖的故事，理解小林校长那份特别的爱。

活动一：回忆故事内容

1. 整体回顾书的内容

师：同学们，这几天我们再次阅读了《窗边的小豆豆》这本有趣的书。这本书主要讲的什么故事呢？你能简单地给我们讲一讲吗？

预设：小豆豆因淘气被原学校退学后，来到巴学园。在小林校长的爱护和引导下，一般人眼里"怪怪"的小豆豆逐渐变成了一个大家都能接受的孩子，并奠定了她一生的基础。

2. 概括小女孩的特征

师：这本书中，谁给你留下了最深刻的印象？（小豆豆）结合你画的思维导图给我们介绍一下。

（预设：好奇心强烈、淘气、执着、善良）

师：哪个词最能形容小豆豆的特点？为什么？他和我们比起来是怎样的呢？

预设：与众不同、特别、另类（板书：特别）

3. 质疑书名

师：发生在小豆豆身上的故事每每读起都让人忍俊不禁，她是如此与众不同，如此特别。书的题目往往是书的眼睛，看到"窗边"一词，你能想到小豆豆的哪些事？

预设：（1）因为小豆豆确实在窗边看艺人、在窗边和喜鹊说话。

（2）因为小豆豆确实是游离在课堂之外的学生。

（3）她有强烈的好奇心。

4. 揭示小豆豆就是作者本人

师：就是这样一个经常游离在课堂之外的窗边的小豆豆，长大以后是什么样的呢？在书眉处有这样一段话：《窗边的小豆豆》讲述了作者上小学时的一段真实的故事。从这句话你知道了什么？

预设：这是一个真实的故事，书中的小豆豆就是作者本人。

【设计意图】以回顾整本书的主要内容来概括小豆豆的性格特点，再把她和身边的同伴做对比，让大家一下就能清楚书中主要人物的性格特点，为后面和长大后的黑柳彻子对比打下基础。用书眉中的一句话引导学生，让学生从书眉中了解信息，从而激发兴趣。

活动二：认识作者本人

1. 认识作者本人

师：请看大屏，这就是长大后的小豆豆黑柳彻子。你了解黑柳彻子吗？

预设：日本著名作家、著名电视节目主持人、联合国儿童基金会亲善大使。

PPT 呈现两边对比（最典型的事件）师：请看，小时候的豆豆，翻书桌盖、扰乱课堂纪律、站窗边不听课、被退学；可是长大后的豆豆，作家、主持人、亲善大使。对比一下，你产生了什么疑问？

小时候的"小豆豆"	长大后的"小豆豆"
翻书桌盖 扰乱课堂纪律 站窗边不听课 被退学	作家 主持人 亲善大使

预设：为什么小时候的小豆豆和长大后的小豆豆有这样大的变化？

2. 对比变化，探究原因

师：老师也很纳闷儿，小时候怪怪的、被勒令退学的小豆豆长大了居然这么出色，是什么让小豆豆成长得如此让人觉得不可思议？

预设：是巴学园、是小林校长，是小林校长创造的巴学园。

【设计意图】交流课前搜集的资料，让学生学会整合资料，并能大胆分享。以表格的形式进行视觉上的强烈冲突对比，让学生进一步质疑，以激发更强的探究兴趣。

活动三：走进特别的学校

1. 结合思维导图汇报巴学园特别之处

师：巴学园，这是一所怎样的学校？请同学们结合自己画的思维导图给我们介绍介绍。

预设：校门、午餐、教室、运动会……

（教师适时指导：①思维导图文字要简洁明了，要学会概括。②思维导图内容要全面、层级要分明。③表扬优点。）（边出示思维导图边说："这是事物的不同，人物的不同，活动的不同。"）

2. 比较学校，凸显巴学园特别之处

师：巴学园和其他学校相比，你觉得它怎么样？

预设：与众不同、特别。（板书：特别）

【设计意图】学生已经在课前做了思维导图，本节课的目标之一就是学会做思维导图，因此，在此环节，以学生的思维导图为依托，在学生汇报的基础上，适时点拨，教给学生做思维导图的方法：文字要简洁、层级要分明，内容要全面。在学生已经制作的思维导图上进行点拨，让学生一目了然，并能根据自己以前的思维导图进行修改。

活动四：走进特别的校长

1. 做思维导图，感知特别

师：所有的与众不同都对孩子的一生产生了深刻的影响，哪一个与众不同对小豆豆的影响最深刻呢？

预设：校长。

师：是的，可以说，没有与众不同的小林校长就没有巴学园这一切的与众不同。从哪些事情或活动中体会到校长的与众不同呢？四人小组合作做思维导图。（师巡视。）

（生汇报。）预设：倾听四个小时，别样的午餐，运动会，放回原处，批评老师，露营活动，游泳，冒险……

2. 再读故事，了解特别

师：从校长这些与众不同中你读出了什么？读懂了什么？（对学生的尊重和关爱）这到底是一份什么样的爱呢？请大家快速浏览《校长先生》《运动会》，小组讨论。

生汇报：（适时板书：理解　尊重）

听四个小时，（好有耐心，为什么这样有耐心呢？——虽然是个小孩子，但是依然当成大人来对待，愿意倾听四个小时。尊重（理解），耐心是建立在尊重的基础上的不打断、没有不耐烦，就是尊重。）

运动会，为残疾儿童高桥君设置特别的运动项目，完美地呵护了残疾儿童的自尊。同样出于尊重让高桥君获得成功，从而建立自信，并不是同情。

小林先生这份爱是基于尊重和理解基础上的精心的呵护，是一份特别的爱。

这才是真正意义上的爱。因为他把每个孩子当成独特的生命个体在尊重。完美地呵护了孩子的自尊，建立了自信。校长把这份特别的爱给了小豆豆，所以小豆豆能够健康地成长，长大后取得了这么大的成就。

（明白做人的道理，学会尊重与理解他人。）

【设计意图】学生在上一个环节学习了做思维导图，在这一个环节，马上运用刚才的方法做思维导图，让学到的方法马上实践，加深印象。通过特别的豆豆，到特别的学校，到特别的校长，用"特别"一词，牵出整条阅读线，通过精读校长的故事，了解校长的特别的爱，认识真正的爱的含义。这样的阅读顺序，让理解水到渠成。

活动五：联系实际悟特别

1. 爱的期待

像小豆豆这样顽皮的事你干过吗？——其实我们每个人都能在小豆豆身上找到自

己童年的影子，此时我们多么希望我们在做蠢事囧事的时候，也能有像小林宗作一样的老师或者家长来用一种尊重、一份理解，给我们一份特别的爱。小林先生就是想把这份特别的爱给每一个天真可爱的孩子，让这份特别的爱给你、给我、给他，（板书：特别的你、我、他）给我们每一个人。

2. 爱的影响

师：这是一本纪实性的小说，书中的人和事都是真实存在过的。在小林先生特别的呵护之下，书中的小豆豆们长大以后都成了什么样的人呢？请同学们快速浏览本书的后记，看看长大后的他们是什么样的？

预设：美代，音乐教师；高桥君，考上大学，现在是一家电气公司的协调员；朔子，音乐教师；阿泰，物理学家；大荣君，东洋兰鉴定专家之一。

师：因为有校长的特别的爱，巴学园中的孩子均取得了人生的小小成功。黑柳彻子长大以后，深深地懂得了小林宗作给予她的这份爱，因此，她写了这本书，请看书的扉页，作者用深情的笔触写道"谨将本书献给已逝的小林宗作老师"，她又把自己的这份感恩、这份特别的爱给了她人生的导师——小林宗作校长。

黑柳彻子在战后曾经费力寻找巴学园的踪迹，却一点也找不到，就像它不曾存在过一样，可见，有关它的回忆，在当今的日本，也已如雪泥鸿爪了。这与其说是一段儿时的优美回忆，不如说是对于这种过去的美丽，已经消失得无影无踪的不满和不平的宣泄。其实，她写这本书的目的是对小林宗作的怀念，对巴学园的向往，对二战后日本教育的期待以及对特别的爱的呼吁。

3. 爱的深化

师：同学们，如果你是一位老师或校长，读了这本书后会有什么想法？

（生交流）师小结：我们都在追求一种理想的教育，给每一个天真烂漫的孩子以精心的呵护，我们都会向这个教育目标前行。相信当你们长大后成了老师或校长之后，会给出这一份特别的爱。

师：现在呢？你对家人、同学、朋友又会有什么样的改变呢？能不能举一件事情来说？

（生交流）师小结：这本书教会了我们去理解和尊重别人，去精心呵护身边的人，这才是真正的爱！

【设计意图】这是一本发人深省的书。在这一个环节，让学生联系自己的生活实际，唤起对小林老师的期待，然后进一步让学生假设自己是校长，想给学生怎样的爱，以达到推己及人的目的。最后，回到现实，从学校走出去，让学生反思自己会怎样去理解和尊重别人。从校长到自己，从未来到当下，层层深入，让学生在步步推进中学会爱，分享爱。

活动六：总结升华真正的爱

师总结：作为老师、作为家长，要学会的就是去尊重和理解孩子，我们每个人也要学会去尊重和理解别人。黑柳彻子写这本书，其实是想告诉我们，什么是真正的爱！真正的爱是建立在理解和尊重的基础上的。同学们，让我们学会爱，分享爱！

七、板书设计

特别的爱给特别的小豆豆

——《窗边的小豆豆》汇报交流

思维导图	呵护	你
文字简洁	理解	我
内容全面	尊重	他
层级分明		

（建议年级：小学五年级）

探秘海底两万里，畅享奇幻阅读之旅

——《海底两万里》任务群教学设计

成都棠湖外国语学校　肖雪玲、王虹骄

【书籍简介】

《海底两万里》是法国作家儒勒·凡尔纳创作的长篇科幻小说，于 1869 年首次出版。这部作品与《格兰特船长的儿女》《神秘岛》合称为儒勒·凡尔纳的"科幻三部曲"。

故事发生在 1866 年，阿罗纳克斯教授意外来到了"鹦鹉螺号"潜水艇里。尼摩船长邀请他和他的助手一起进行海底旅行。他们从太平洋出发，经历了诸多冒险，最后，"鹦鹉螺号"坠入大漩涡之中，阿罗纳克斯等人醒来后，发现自己躺在一个渔民家里，而尼摩船长和"鹦鹉螺号"的去向则不得而知。这场海底旅行历时近十个月，行程约十一万公里。

学生阅读《海底两万里》，能了解大量的海洋知识，拓宽学生的自然科学视野。学生可以跟随主人公穿梭在奇幻的海底世界，突破现实的局限，激发学生的想象力。书中包含了许多科学原理和先进的技术构想，可以让学生感受科学的魅力，鼓励他们探索未知。同时，《海底两万里》文字生动、描写细腻，学生通过阅读可学习作者的写作手法，了解科幻小说的特点等，对语文学习非常有价值。

【任务群教学设计】

一、学习主题和内容

（一）学习主题

探秘海底两万里，畅享奇幻阅读之旅

（二）学习内容

《海底两万里》

二、学习目标与课时安排

（一）学习目标

1. 能够制订合理的阅读计划，并能自主有序地完成阅读任务。

2. 能根据故事绘画思维导图，画出航行线路图。能找出书中的科学知识，初步探究科幻小说的秘密。

3. 能读懂书名的含义，理解文中的科学术语，理解经度和纬度。

4. 能了解书中的科学技术和科学知识，读懂小说幻想和现实的关系，了解科幻小说的特点。

5. 能够梳理阅读方法，阅读同类科幻小说，提升阅读能力，增强热爱科学的意识。

（二）课时安排

6—7 课时

三、学习情境

同学们，想象一下，你正站在一艘古老而神秘的帆船的甲板上，咸湿的海风扑面而来，远方的海平面在朝阳的映照下闪烁着金色的光芒。突然，一道奇异的光芒从海底射出，瞬间吸引了你的目光。那光芒仿佛带着无尽的秘密和未知的世界。你是否渴望去探索那神秘的海底世界？是否想知道在那幽深的海洋深处，究竟隐藏着怎样的奇妙生物和惊险奇遇？那就打开《海底两万里》这本书吧！跟随勇敢的阿罗纳克斯教授、神秘的尼摩船长以及他们的伙伴们，一同潜入那广袤无垠、神秘莫测的海底世界，让我们一起踏上这次充满奇幻与冒险的海底之旅，去揭开海洋深处的神秘面纱。

四、学习任务与学习活动

学习任务与学习活动设计

主题情境	学习任务	学习活动	课时安排
探秘海底两万里，畅享奇幻阅读之旅	任务一：开启深海探秘之门	1. 了解书籍信息，初识海洋传奇。 2. 邂逅神秘之旅，引发阅读期待。 3. 制订阅读计划，开启阅读之旅。	1
	任务二：逐浪海底奇幻之旅	1. 自主阅读故事，畅享旅行之奇。 2. 讲述奇幻故事，分享新奇感受。 3. 梳理阅读收获，展示阅读成果。	2
	任务三：绽放深海智慧之光	1. 借助航行路线，领略海底奇观。 2. 品读故事情节，探寻角色魅力。 3. 解密科学元素，了解科幻特征。 4. 联结时代现实，发现科学预见。	1
	任务四：延续深海奇妙之梦	1. 梳理阅读方法，阅读同类书籍。 2. 分享奇幻故事，畅谈多样收获。 3. 统整对比书籍，强化科幻认知。	2—3

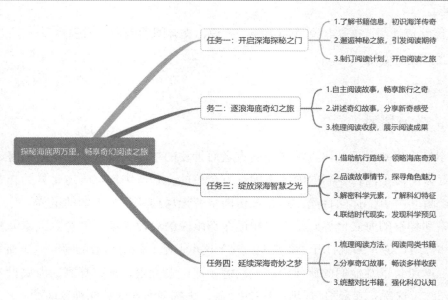

五、过程性评价与单元测评

过程性评价与单元测评设计

评价类型	内容	基本标准
过程性评价	开启深海探秘之门	1. 能在老师创设的情境中，走进传奇海洋，产生阅读的浓厚兴趣。 2. 能通过几个精彩片段的阅读，产生阅读的期待。 3. 能够制订阅读计划，并按照计划阅读书籍。
	逐浪海底奇幻之旅	1. 能自主阅读书籍，尽情享受跟着作者去旅行的快乐。 2. 能在读完书籍后讲述奇幻故事，并能和同学分享自己新奇的感受。 3. 能梳理自己阅读的收获，展示阅读的成果：航行线路、思维导图等。
	绽放深海智慧之光	1. 能借助航行路线，和作者一起去领略海底的奇观。 2. 能在老师的带领下再次品读故事的部分情节，去探寻人物角色的魅力。 3. 能在老师的指导下了解书中的科学元素，从而发现科幻小说的特征。 4. 能联结幻想和现实，了解科幻小说预见的特点。
	延续深海奇妙之梦	1. 能梳理阅读科幻小说的方法，阅读同类书籍。 2. 能和同学、家人分享书中的奇幻故事，畅谈自己多样的收获。 3. 能继续对比阅读同类书籍,进一步强化对科幻小说的认知，从而播下科学的种子。
单元测评	《海底两万里》读书推荐会	1. 回顾阅读过程，能总结阅读科幻小说的方法，并试着阅读其他的科幻小说。 2. 能在班级读书分享会上分享自己阅读《海底两万里》的读书笔记，交流自己的读书心得。 3. 能主动阅读其他科幻小说，并能主动找寻里面的科学技术和科学知识，爱上科学，爱上想象。

六、资源与工具

（一）资源

《海底两万里》书籍、海底奇观视频、潜水艇在水下前行的视频。

（二）工具

阅读计划、思维导图、过程性评价量表、阅读评价量表等。

七、设计说明

《海底两万里》是法国作家儒勒·凡尔纳创作的长篇科幻小说。阿罗纳克斯教授和尼摩船长一起进行了海底旅行。这场海底旅行历时近十个月，行程约十一万公里。

这是一本小说，所以有曲折惊险的情节、个性鲜明的人物、生动美丽的环境。因为是科幻小说，所以，书中有许多科学知识、科学术语，需要学生去理解。为了读懂这个科幻小说，我设计了四个学习任务：任务一是开启深海探秘之门，目的是在老师的带领下，了解书籍的信息，并初读几个精彩片段，激发学生的阅读欲望，从而制订阅读计划，开启阅读之旅。任务二是逐浪海底奇幻之旅，旨在使学生通过自主阅读，能在推进课中进行奇幻故事的讲述、分享新奇感受，并能自己制作思维导图，画出航海路线，办好阅读小报等。任务三为绽放深海智慧之光，旨在借助航行路线，领略海底的奇观，再次品读故事的精彩情节，感受书中几个性格迥异的人物，找到科幻小说的秘密，去发现科幻小说的特点，并能把当时的科学技术和现在的科学技术进行对比，了解科幻小说预见的特点。任务四是延续深海奇妙之梦，旨在梳理阅读方法后去阅读同类书籍，并能统整对比所读的同类书籍，强化对科幻小说的认知。四个任务让学生学会阅读科幻小说的方法，并在心中播下科学的种子。

【教学设计】

探寻海底奥秘

——《海底两万里》整书汇报交流

一、学情分析

五年级学生已经具备了一定的阅读理解能力和词汇积累。他们能够理解较为复杂的故事情节，分析人物形象，并从中提取关键信息，能够较为准确地理解文本中的字词含义，读懂句子和段落的意思。但对于一些较为生僻的科学术语或复杂的描写，他们可能需要借助注释或老师的讲解。五年级学生对自然科学有一定的兴趣和了解，《海底两万里》中涉及的海洋生物、地理知识、物理现象等可以激发他们的好奇心，进一步拓宽他们的科学视野。总之，五年级学生阅读《海底两万里》具有一定的优势和挑战。本次教学，选择《海底两万里》来进行阅读汇报交流，目的是让学生了解科幻小说的特点，教会学生阅读科幻小说的方法，并让学生爱上科学，大胆想象。

二、教学内容

任务三——绽放深海智慧之光

三、教学目标

1. 能通过查阅资料读懂书名，了解大致航程，认识经度和纬度。

2. 能抓住主要人物概括故事梗概，了解故事内容。

3. 学习运用"理解科学术语、认识科学技术、了解科学知识"的方法深入阅读《海底两万里》，从中汲取科学营养，加深对科幻小说特点的理解。

4. 能把书中的科学预测和未来现实进行对比，了解科幻小说具有科学预见的特点。

四、教学重难点

学习运用"理解科学术语、认识科学技术、了解科学知识"的方法深入阅读《海底两万里》，从中汲取科学营养，加深对科幻小说特点的理解。

五、教学准备

教师准备：

课件、板书。

学生准备：

1. 画思维导图。

2. 画潜水艇平面图。

3. 找出文中的科学知识。

4. 画航行路线图。

5. 了解小说中的哪些幻想已成为现实。

六、教学过程

导入：回顾已学任务，引入本节内容

同学们，这段时间我们和尼摩船长一起在海底旅游，开启了深海探险之门，初识

了海洋的神奇，并制订了阅读计划。我们开启了海底奇幻之旅，自主阅读了奇幻故事，并梳理了阅读收获，展示了我们的阅读成果。今天，我们一起绽放深海智慧之光，去解密科幻小说的密码，领略海底的奇幻景象。

活动一：读懂书名，理解科学术语

1. 读懂书名

师：同学们，这段时间，我们一起阅读了《海底两万里》这本小说，谁知道这个"两万里"，到底是多长？

（抽生回答。）

师：八万公里有多远呢？可以绕地球两圈。你看，理解了书名中的"两万里"这个科学术语，我们就更加清楚地知道这是一次多么长远的海底旅行。书中还有很多与航海有关的科学术语，我们班还有哪些同学也关注书中这些科学术语呢？

（生汇报。）

1 海里 =1852 米，鹦鹉螺号的最大航速是 50 海里每小时，也就是可以每小时可以行驶 92.6 公里。

1 英尺 =0.3048 米，尼德兰有六英尺高，算下来就是一米八几，鹦鹉螺号有 250 英尺长，大概就是 76 米。

1 节 =1 海里 =1852 米，海怪戏弄"林肯号"的时候，它的时速就是 14 节。也就是 14 海里，约 26 公里每小时。

2. 师小结

这几个同学的读书方法就非常好，要知道我们读的是什么，是《海底两万里》，是一本和科学有关的书。阅读这样一本和科学相关的书，如果遇到一些我们不懂的科学术语，我们就要去关注，去查证。只有准确地理解这些科学术语的意思，才能真正体会书中讲的到底是一个怎样的故事，这就是我们读懂科学幻想小说的一个重要的方法。

理解科学术语，这也是读其他科学作品的一个重要方法。

【设计意图】在这一个环节，通过提问"两万里到底是多长"，引发学生对小说中关键数字的好奇，促使他们积极思考和探索，从而提高学习的主动性。介绍八万公里可以绕地球两圈，让学生直观地感受到海底旅行的长远距离，增强他们对小说情节的震撼感。以具体的计算和实例，帮助学生将抽象的科学术语转化为具体的数值和形象的概念，提高他们的理解能力和思维能力。同时，在本环节引导学生在阅读文学作品的同时，关注其中的科学元素，培养他们跨学科的思维能力和综合素养。

活动二：回顾小说内容，理解经纬度

1. 概括故事梗概

同学们已经读完了这本小说，那谁能说说这本书的故事梗概？

（抽生回答。）预设：如果学生记不住人名。咱们读国外的故事的时候，如果里面遇到了这种特别难读难记的名称，而它们又是书中重要的人名、地名或事物名等，就需要将其列出来专门去读一读，记一记。比如这本书中：教授的名字是阿罗纳克斯，教授的仆人叫康赛尔，捕鲸手叫尼德兰，船长叫尼摩。我们在讲故事梗概的时候要把主要人物的名字讲出来。谁再来试试。（抽生回答。）

这本书讲述了阿罗纳克斯教授和他的仆人康赛尔、捕鲸手尼德兰因为去追捕不明海怪意外落入"海怪"鹦鹉螺号，被尼摩船长"囚禁"，陪伴尼摩船长在海底旅行了两万里，经历了各种险境，见识了各种奇迹，欣赏了海底风光，最后终于逃脱的故事。

2. 了解航程，认识经纬度

教授阿罗纳克斯和尼摩船长一起在海底游览了哪些地方？你能给我们介绍一下吗？

太平洋—印度洋—红海—地中海—大西洋—南极—大西洋—北冰洋（课件出示）

这是他们在这次旅途中所经过的海域，只是他们大致的旅行方向。他们在这些海洋的深处潜游，经过途中这些海域时大多有一个具体的地点，一个发生了奇异故事的地方，是哪些地方和故事呢？（一个学生讲，其余学生补充。）

这些地点到底在地球的什么位置？我们怎么到地图上去找到它们呢？

同学们请看，作者在介绍这些故事发生的地点时，常常会以这样一组数据来告诉我们。请读一读这些数据。对于这样的数据，你们了解吗？谁来给我们讲一讲？

同学们请看，为了便于人们标记地球上的任何一个位置，人们就假定了两种线，横着的是纬线，竖着的是经线。每一个纬线和经线都有对应的度数，分别叫纬度和经度。经纬度是怎么定的呢？地球上横向最长的这条线就是赤道，赤道为 0° 纬线，赤道以北就是北纬，赤道以南就是南纬。国际上规定，把通过英国格林尼治天文台原址的那条经线，叫作 0° 经线，也叫本初子午线。本初子午线以东为东经，以西为西经。地球上每一个地点的具体位置，我们都可以通过经线与纬线交叉点的经纬度来准确确定。通过经纬度找出鹦鹉螺号的航行路线，我们就更清楚那些精彩的故事具体发生在什么地方了。

他们在南极被困冰墙，缺氧，差点死亡，是在地球的东经 90°，南纬 68°，谁来找一找？

他们逃生的地点是挪威西海岸，挪威西海岸在地球的西经 30°，北纬 70°，谁来

找一找？

原来阿罗纳克斯教授他们是在这个地点逃离鹦鹉螺号，回到陆地上的人类社会的。理解了书中的科学术语，不仅可以把小说读得更透彻，我们还能运用到自己的生活中呢！请同学们找找我国首都北京的经度和纬度。

今天回去你们还可以找找自己家的经纬度。

现在让我们回到这次海底历险的出发点吧！日本海北纬 31°，东经 136°。

【设计意图】本环节，让学生概括小说梗概，有助于他们整体把握故事内容，提高对文本的理解和记忆能力。介绍经纬度的概念和确定方法，帮助学生理解地球上地点的定位方式，培养他们的空间思维能力。让学生在地图上找出鹦鹉螺号航行路线中的具体地点以及北京、自己家的经纬度等活动，可以增强他们对经纬度的实际应用能力，将书本知识与生活实际相结合，深化他们对科学术语的理解与运用。

活动三：认识科学技术，了解"科幻"特点

1. 比较异同

从这个地方出发，尼摩船长带着"我们"进行了奇妙的海底旅行。比较一下，尼摩船长带领我们进行的海底旅行和我们现在平常的旅行有什么不一样？

地方不一样（海底）

装备不一样（潜艇、潜水衣、枪）

经历不一样

见闻不一样

这些不一样中，哪个不一样决定了另外三个不一样？（地方）

之所以能够到这么不一样的地方海底去探秘，是因为他的装备不一样。（装备：潜艇、潜水服、枪。）

当时，有没有潜艇呢？你们课前已经进行了了解，我已经把这位同学搜集的资料展示在了大屏上，请你来给我们大家讲一下。

1863 年，法国的"潜水号"潜艇艇体模仿海豚的外形设计，长 42.67 米，排水量 420 吨。利用压缩空气发动机作动力，功率 59 千瓦，速度为 2.4 节，即每小时 4.4 公里。能在水下潜航 3 小时，下潜深度为 12 米。

这是当时世界上最先进的潜艇——法国的"潜水号"。

书中尼摩船长的鹦鹉螺号是怎样的呢？请同学们快速找出与"潜水号"相对应的数据。

鹦鹉螺号的全身钢板，潜艇的原动力——电，76 米长，最快速度 92.6 公里每小

时，压缩储存空气，可以下潜 16000 米，可以潜水 84 小时，也就是 3 天半（被困冰层 36+48），船体容积，排水量 1500 吨。

请同学们对比这两组数据，你有什么发现？

预设：鹦鹉螺号的这组数据在当时是根本达不到的，是凡尔纳大胆的幻想。

师小结：是的，法国"潜水号"的这组数据是当时的科学现实，而尼摩船长的鹦鹉螺号这组数据是作者凡尔纳基于当时的科学现实进行的大胆想象。

2. 质疑尼摩船长

假如设计法国"潜水号"的科学家来到了我们中间，看见了尼摩船长想象的鹦鹉螺号，他会向尼摩船长提出哪些疑问？

预设：（1）尼摩，排水量怎么可能有那么大？

（2）尼摩，你的鹦鹉螺号下潜那么深，不会被水的压力压扁？

（3）尼摩，这么大的一个潜艇，怎么潜到水下呢？

（4）尼摩，到水下了，那些透明的玻璃怎么没有碎呢？

请同学们翻到第十三小节《几组数据》，读一读，帮尼摩船长来回答科学家的问题。

预设：生：因为船体有两层船壳，用角钢做成，钢板厚度为 50 毫米，所以能禁受住海浪的颠簸和水的压力。

生：因为它有 10 个储水仓，容量为 150.72 吨，如果 10 个储水仓都装满水，它就可以下潜了。

生：7 厘米厚的玻璃能承受 16 个大气压的压力，鹦鹉螺号的玻璃有 210 毫米，所以可以承受的压力是 480 个大气压。

师：同学们，你们觉得尼摩的回答怎样？读到这些地方的时候，你觉得这艘潜艇是真实的吗？为什么会有这种真实的感觉？

是的，作者用一连串的数据，为我们制造了一个"真实"的"鹦鹉螺号"，让读到这些数据的时候感觉真实可信，从而对"鹦鹉螺号"的存在深信不疑。这就是科幻小说中介绍某项科学技术时"运用数据"的表达魅力。（板书：运用数据。）

师：人在水里走，怎么呼吸呢？水下一片漆黑，如何照明呢？作者是怎么给我们讲清楚的？请同学们快速浏览这一段文字。

作者是怎样把呼吸和照明给我们讲清楚，让我们深信不疑的？

是的，凡尔纳通过对压缩空气原理的介绍，给我们讲清楚了利用储气罐进行呼吸的科学技术，通过对电灯发光的原理介绍，给我们讲清楚了海底探照灯的科学技术。这样的介绍让我们对鹦鹉螺号上储气罐、探照灯的科学技术的运用深信不疑。

3. 师小结

这也是科幻小说在介绍对科学技术的运用时常采用的另一种方法——讲清原理。（板书：讲清原理。）

作者在运用科学技术展开想象的时候，为了讲得真实，让我们信服，常常采用运用数据和讲清原理这两种方法。

同学们，在读这类科学幻想小说时，我们一定要去认识书中所涉及的科学技术。了解了作者是怎样在小说中运用科学技术的，不仅让我们更深刻地体会到科幻小说的特点，还能加深我们对科学的了解，增长我们的知识。

【设计意图】本环节，对比尼摩船长带领的海底旅行与平常旅行的不同，让学生从多个角度思考两者的差异，培养他们的观察和分析能力。引导学生发现"地方不一样"决定了其他三个不一样，从而聚焦于能够到达海底探秘的关键因素——装备，自然地引出对潜艇的讨论。展示当时世界上最先进的潜艇"潜水号"的数据，让学生了解特定历史时期的科学技术水平，同时与书中鹦鹉螺号的数据进行对比，使他们直观地感受到科幻小说中幻想的大胆。假设设计法国"潜水号"的科学家对尼摩提出疑问，让学生代入角色思考，进一步加深对鹦鹉螺号科学性的理解。学生通过阅读文本寻找尼摩船长的回应，体会作者运用数据制造"真实"感的表达魅力，从而认识到科幻小说在介绍科学技术时运用数据的重要性。

活动四：了解科学知识，认识"小说"特点

1. 认识科学知识

凡尔纳在科学技术的基础上展开大胆想象，为我们创造了一艘无与伦比的现代化的潜艇，现在我们一起登上这艘伟大的潜艇向海底出发，开始奇幻的海底旅行。

在海底旅行，你看到哪些不一样的画面？

生：各种各样美丽的鱼

生：美丽的珍珠，形态万千的珊瑚

生：海底森林

在海底旅行，你了解了哪些特别的科学知识呢？

生：海洋植物的、海洋动物的、海洋的特点。（分组汇报并谈最深的体会。）

这些有趣的海洋知识给我们留下了深刻的印象，读了这本书，我们对海洋的了解更多更深了，我们关于海洋的知识与见闻更丰富多彩、生动有趣了。这就是我们阅读这本书的一个重要收获，也是我们阅读这本科幻小说的重要方法——认识科学知识。

2. 认识小说特点

书中介绍的这些科学知识为什么给我们留下如此深刻的印象？为什么我们在阅读如此种类繁多的科学知识时那样趣味盎然呢？我们来看看作者是怎样介绍这些无穷无尽的海洋知识的？（对比阅读两组材料。）

同学们看，在百科全书里和百度百科里，是怎么介绍的？

引导归纳：非常精练地、解释性地介绍。

我们再看看凡尔纳写的这本科学幻想小说是怎么介绍相同的知识的？对比着读一读，你发现了什么？同桌交流一下。

假如凡尔纳也像百科全书这样介绍，哪些地方要删去？现在读一读删去的部分，你们发现了什么？

生回答：删去的部分都是在讲故事。

师小结：凡尔纳在讲这些知识点的时候，是融在一个个故事里面讲的，这就是小说的特点。（板书：小说）

作者把这么多知识蕴含在故事中，随着故事的推进，慢慢地给我们讲解、渗透，让我们在阅读故事的过程中自然地了解了知识，丰富了见闻，这也是《海底两万里》这本书的魅力与价值所在。所以，这既是一本科学的启蒙书，也是一本大胆的幻想书，还是一本情节曲折的小说。这就是科幻小说的特点——基于科学、大胆幻想，并具有小说曲折的故事情节。

阅读这样的科学幻想小说，咱们首先要运用这样一些方法——对照黑板总结⋯⋯增长我们的科学知识，丰富我们的科学见闻，提升我们的科学素养。

【设计意图】本环节，以登上潜艇开始奇幻海底旅行为引导，激发学生的想象力和对未知世界的探索欲望。让学生分享在海底旅行中看到的不一样的画面，调动他们的感官体验，增强对小说内容的直观感受。通过对比百科全书和小说中对海洋知识的介绍方式，让学生直观地感受两者的差异。引导学生发现凡尔纳在小说中是将科学知识融入故事中进行介绍，从而引出小说的特点，即具有故事性。总结科幻小说的特点，让学生对这类文学作品有更深入的理解，认识到其基于科学、大胆幻想且具有曲折故事情节的独特魅力。

活动五：从幻想走向现实，了解"预见"特点

1. 阅读利奥泰的话，了解预见

这本书中，富有智慧的教授、忠诚的仆人、莽撞的捕鲸手跟着英勇、聪慧、沉着冷静的尼摩船长在海底游览了两万里，让我们有了险象环生的死里逃生经历，体验了

惊心动魄的生死搏斗，看到了瑰丽无比的海底奇观，还学到了丰富有趣的科学知识。这本小说的意义还不止这些，请看，法国元帅利奥泰这样说："现代科学只不过是将凡尔纳的预言付诸实践的过程。"从利奥泰的话中，你知道了什么？

师：文中的好多科学预测，都成了现实！你知道哪些科学预测成了现实？（课件出示）

深海潜水艇、压缩食品、声呐海底定位、潜水衣、电击枪

在小说出版 90 年后，美国"鹦鹉螺号"潜艇就沿着书中"鹦鹉螺号"潜艇的航行轨迹在北冰洋底下做了一次冒险航行，发现海洋中许多细节竟然与小说中描写的不谋而合。

2. 师小结

因此，儒勒·凡尔纳被称为"科幻小说之父"。我们不得不为伟大的儒勒·凡尔纳点赞！《海底两万里》真不愧是科幻小说中的极品，书中对科学的预见在现实生活中得到了这么多的印证。

这本书的魅力还不止这些，书中个性鲜明的人物，险象环生的场景，曲折动人的情节，也值得我们细细品味，下节课我们就来深入研究它作为一本精彩的小说有哪些魅力。下课。

【设计意图】本环节，引用法国元帅利奥泰的话，引导学生从更高的层面认识《海底两万里》的价值，让学生意识到这本小说不仅仅是一部冒险故事和科学知识的载体，还具有对未来科学发展的预见作用。让学生找出小说中的科学预测成为现实的例子，如深海潜水艇、压缩食品等，使他们直观地感受到作者的前瞻性和想象力。通过介绍美国"鹦鹉螺号"潜艇的冒险航行与小说的不谋而合，强化学生对小说科学预见能力的认识，进一步凸显作品的伟大之处。最后，指出《海底两万里》的魅力不止于科学预见，还有个性鲜明的人物、险象环生的场景和曲折动人的情节等，为下节课深入研究小说的其他魅力做好铺垫。

七、板书设计

探寻海底奥秘

——《海底两万里》整书汇报课

科学　　理解科学术语

幻想　　认识科学技术　　运用数据

小说　　了解科学知识　　讲清原理

附：学生所做的思维导图

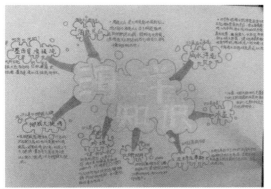 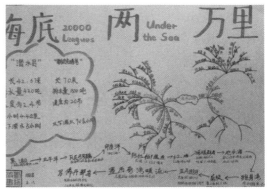

（建议年级：小学五年级）

读懂生命故事，感悟生命意义

——《天蓝色的彼岸》任务群教学设计

成都棠湖外国语学校　方嘉仪

【书籍简介】

　　《天蓝色的彼岸》是英国作家亚历克斯·希勒创作的长篇小说，首次出版于2003年。这部小说讲述了一个因车祸去世的小男孩哈里，在幽灵阿瑟的帮助下，重返人间与他的家人和朋友做最后的告别，表达他生前未能说出的爱与歉意的故事。小说的背景设定在一个超自然的世界，故事包含了死亡、爱与重生的主题。哈里的故事通过温暖清雅的笔调和充满哲思的语言，唤起了人们内心深处的美好情感，启迪了人们对生与死的深刻思索。这本书被翻译成多种文字广为流传，成为一部跨越文化和年龄界限的畅销作品。

　　学生阅读《天蓝色的彼岸》，可以产生对生命、爱与死亡的哲学探讨，通过哈里的视角，了解生命的脆弱与宝贵，以及爱与原谅的力量；可以去思考生命的意义、爱的力量以及面对死亡的勇气；可以感受死亡对家人的伤害和对自己的伤害，明白死亡对于家人来说是一场灾难，而对于其他人来说会随着时间的推移而逐渐减少影响；可以去思考在以后的生活中怎样更好地对待生命。借助阅读这本书的"联系生活导入，叩响生死之问；深入研究文本，探寻生死之义；统整研究结果，悟出生活之道"的方法，学会阅读现当代小说，提升学生的阅读素养。

【任务群教学设计】

一、学习主题和内容

（一）学习主题

读懂生命故事，感悟生命意义

（二）学习内容

《天蓝色的彼岸》

二、学习目标与课时安排

（一）学习目标

1. 根据阅读计划自主阅读《天蓝色的彼岸》，了解故事的内容，梳理人物的经历，记录人物尚未完成的愿望以及他们在人间做的事情，能用自己的语言讲述故事主要内容。

2. 梳理本书的基本内容，能借助表格和思维导图梳理主要人物的故事，并针对印象深刻的故事和人物展开交流讨论。

3. 通过引导学生质疑生与死，初步感受死亡的不可逆；深入研读不同角色的故事，通过对文本的信息提取、对比体会、分析归纳等，深刻感受生命的意义。

4. 联系对死亡的思考与读出的生命意义，通过讨论体会出生活之道，从而深深懂得——生命的意义在于"好好活着"，联系自我的生活实际，懂得珍惜生命，珍惜当下的生活，阐述自己的生命格言。

5. 用学到的阅读小说的方法，拓展阅读其他小说。

（二）课时安排

7—9 课时

三、学习情境

小时候，我们总会问些奇怪的问题，看到太阳落下，会问它为什么会东升西落？看到月亮变化，会问为什么它变化了，是天狗吃了它吗？看到亲人离去，我们会问他们去哪儿？死亡究竟是怎么回事？他们会不会真的变成天上的星星呢？这个世界上的人死了，真的去了天堂？人有灵魂吗，人死了之后真的会有灵魂吗？或许，我们每个人都产生过这样的疑问，我们久久地怀着疑问，带着对生命离去的恐惧和担忧去思考而无所得。英国著名小说家亚历克斯·希勒将通过《天蓝色的彼岸》为我们答疑解惑。

四、学习任务与学习活动

学习任务与学习活动设计

主题情境	学习任务	学习活动	课时安排
读懂生命故事 感悟生命意义	任务一：了解生命故事 开启阅读之路	1. 了解基本信息，认识书中人物。 2. 初读感人故事，点燃阅读热情。 3. 制订阅读计划，开启阅读之旅。 4. 自主阅读书籍，记录阅读成果。	2—3
	任务二：梳理人物故事 绘制故事图谱	1. 提取重要信息，概括主要内容。 2. 了解人物命运，梳理人物关系。 3. 绘制故事图谱，简述故事梗概。 4. 展示读书成果，交流读书心得。	2
	任务三：读懂生命意义 明白生活之道	1. 检测阅读效果，活络故事情节。 2. 联系生活导入，叩响生死之问。 3. 深入研究文本，探寻生死之义。 4. 统整研究结果，悟出生活之道。	1
	任务四：研读同类书籍 书写生命格言 联系现实生活 更要珍惜生命	1. 阅读《摆渡人》系列书籍，感受丰富的生命故事。 2. 统整生命故事，阐发生命新意。 3. 开展生命意义讨论，书写自我生命格言。	2—3

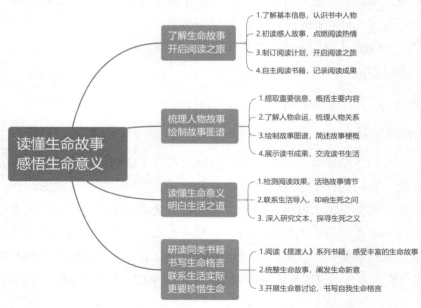

五、过程性评价与单元测评

过程性评价与单元测评设计

评价类型	内容	基本标准
过程性评价	了解生命故事 开启阅读之路	1. 能借助人物名片了解基本信息，认识书中人物，初步了解故事内容，感知人物形象。 2. 在师生共读、生生共读下，借助感人故事，点燃阅读热情，引发阅读期待。 3. 能自主制订阅读计划，并按计划阅读整本书，开启阅读之旅。 4. 能自主阅读书籍，记录阅读成果，完成不同故事的"阅读闯关"，做读书笔记，绘制任务卡。
	读懂人物故事 绘制故事图谱	1. 能根据表格提取重要信息，概括整本书主要内容。 2. 能读懂每一个人物的故事及命运，梳理他们在不同时空的故事，梳理人物关系。 3. 能依据故事情节绘制故事图谱，简要交流人物之间的故事。 4. 不定期开展阅读成果汇报，交流自己读书的收获和新的收获。
	读懂生命意义 明白生活之道	1. 能结合人物名片和经历卡简要复述主要故事，能串联情节，梳理并讲述每一个人物的故事。 2. 能联系生活和现实问题，结合最想探究的问题及疑惑，叩响生死之问。 3. 能深入研究文本，从不同的角度、分小组讨论及探寻生死之义。 4. 能统整学习和研究的成果，结合自己现实生活的思考及认知，悟出生活之道。
	研读同类书籍 书写生命要义 联系现实生活 更要珍惜生命	1. 能结合生死的主题和自身的需求，阅读《摆渡人》系列故事，感受多样的生命故事。 2. 能统整不同人物的故事，探讨他们的命运，阐发生命新的意义。 3. 能与老师、父母和同学开展生命意义讨论，书写自我生命格言，让生活更加美好。

续表

评价类型	内容	基本标准
单元测评	《天蓝色的彼岸》读书推荐会	1. 回顾自己阅读的过程，能梳理总结好的阅读方法，并反思自己需要改进的地方。 2. 能在线下"读书交流会"或线上"班级读书互动平台"上与小伙伴展示、分享自己阅读《天蓝色的彼岸》的读书笔记，交流自己的读书心得、读书经验等。 3. 能撰写《天蓝色的彼岸》的好书推荐语，吸引更多的人阅读这本书，喜欢上这本书，从故事中汲取营养，收获成长。

六、资源与工具

（一）资源

《天蓝色的彼岸》书籍、音频资源、有声图书等。

（二）工具

阅读计划、阅读闯关题、过程性评价量表、情节思维导图、摘录书签、阅读评价量表等。

七、设计说明

小说《天蓝色的彼岸》由哈里出车祸后去往天蓝色的彼岸故事为主线，描绘了哈里等幽灵从天堂重返人间，在人间的所见所闻，和他们完成自己未完成的心愿，最后前往天蓝色的彼岸的故事。这个故事与死亡有关，死亡是文学永恒的话题，也是无法终结的哲学命题。通过任务一：了解生命故事。去了解故事基本内容，初识故事中的人物，了解故事的主要内容和人物经历。通过任务二：读懂人物故事。去绘制人物关系图谱等交流故事中的人物性格特点和他们在不同时空中的故事、心愿，并讲述书中人物故事。通过任务三：读懂生命意义，明白生活之道。引导学生回忆故事情节，整体感知哈里的遗憾和心愿；联系自己的生活实际，发起对生死的疑问；深入挖掘文本的内容，从四个不同的角度去反思死亡对别人的影响；引导思考辩论，从而珍惜生命；还要统整本书内容和生活实际，明白对生命最大的尊重就是好好活着。通过任务四：研读同类书籍，更要珍惜生命。引导学生阅读《摆渡人》系列书籍，能梳理书中主要人物故事；能统整两本书的人物，感受多样的生命故事；统整不同人物的故事，探讨他们的命运，阐发生命新的意义；与老师、父母和同学开展生命意义讨论，书写自我生命格言，让生活更加美好。

过程性评价要求学生在整本书阅读过程中，通过自评、互评等方式主动梳理、展示和分享自己在人物关系梳理、人物形象感悟、人物命运探究等方面的阅读体验和阅读收获，并及时调整和改进自己的阅读方法，提高阅读效果。单元测评要求学生用自己的方式推荐本书，引导学生回顾梳理整个学习过程，为后续的整本书阅读积累经验。

【教学设计】

读懂生命意义，明白生活之道：好好活着

——《天蓝色的彼岸》整书汇报交流

一、学情分析

小学高年级的学生已经有了较浓厚的学习兴趣，养成了较好的阅读习惯，基本学会了概括一本书的梗概的方法，也能运用浏览、选读、跳读等阅读方法提取故事信息。本次教学，选择《天蓝色的彼岸》来进行阅读汇报交流课，目的是引导学生在阅读长篇小说的同时，借助思维导图概括内容、在追问中深思生命的意义、续写小说以体悟生活之道的阅读策略来阅读整本书。

二、教学内容

任务三——读懂生命意义，明白生活之道

三、教学目标

1. 借助表格和思维导图梳理主要人物的故事，并针对印象深刻的故事和人物展开交流讨论。

2. 通过引导学生质疑生与死，初步感受死亡的不可逆；深入研读不同角色的故事，通过对文本的信息提取、对比体会、分析归纳等，深刻感受生命的意义。

3. 联系对死亡的思考与读出的生命意义，通过讨论体会出生活之道，从而深深懂得——人的生命意义在于"好好活着"，联系自我的生活实际，懂得珍惜生命，珍惜当下的生活，阐述自己的生命格言。

四、学习重难点

深入研读不同角色的故事，通过对文本的信息提取、对比体会、分析归纳等，深刻感受生命的意义。联系对死亡的思考与读出的生命意义，通过讨论体会出生活之道，从而深深懂得——人的生命意义在于"好好活着"。

五、教学准备

教师准备：

课件、磁性小黑板、卡纸。

学生准备：

1. 学生反复读《天蓝色的彼岸》，知道这本书的梗概。

2. 知道每个人物的经历，并能大概讲述书中每个小故事的主要内容。

3. 准备彩色笔或者马克笔。

课前谈话：

同学们，时光荏苒，一转眼你们就上五年级了。回想你们小时候，特别爱问问题，你们还记得自己问过哪些有趣的问题吗？

六、教学过程

导入：回顾已学任务，引入本节课内容

同学们，这段时间我们已经读了《天蓝色的彼岸》这本书，在前面的阅读学习中，我们初识了书中人物，跟着哈里走进了天蓝色的彼岸；在细读哈里和阿瑟的故事中，我们也初步了解了他们的遗憾和心愿；这节课，让我们一起去读懂生命的意义，明白生活之道。

活动一：联系生活导入，叩响生死之问

1. 描述死亡的感觉。

师：问过关于死的问题吗？你觉得死亡是什么？

师：让我们看同学们认知的死亡，我们一起来读一读，有什么感觉？

预设：可怕，恐惧，没有意思，一切都是虚无的。

2. 叩问生命的意义。

师：尽管死亡会让我们感到恐惧，但每个人都会面临死亡，化成尘，化成土，化成一片虚无。既然人都要死，都会变成一片虚无，那活着到底有什么意义？（板书：生死之问）

【设计意图】以发问的方式唤起学生最原始的认知，从直观的感受入手，揭示死亡是每个人都要面临的事情，并引导学生思考活着的意义，从而更好地进入文本的阅读中。

活动二：深入研究文本，探寻生死之义

1. 阅读检测，回顾主要内容

（1）让我们走进《天蓝色的彼岸》，跟随哈里的死亡之旅，去探求生命的意义。

（贴板书《天蓝色的彼岸》整书汇报交流）哈里究竟经历了一场怎样的旅程？请画出思维导图，用自己的话简单讲一讲这个故事。

（2）请学生用简单的两三句话来讲述这个故事。

预设：哈里因为一场车祸而去世，去了中转站，遇见阿瑟，他们重返人间，了却心愿的故事。

（3）请学生用一句话来概括这个故事。

预设：哈里死后重返人间，了却心愿的故事。

（4）继续追问：这本书是关于什么的故事，可以凝练成三个字——

预设：生与死。

【设计意图】阅读检测，让学生回顾本书主要内容，用自己的话进行阐述，并概括为凝练的语言，最后概括为三个字，越来越凝练，直指主题——生与死。

2. 分选角度，探究生命意义

（1）请学生继续研读文本。希勒把这个故事娓娓道来，我们如何去探究生命的意义，怎样进行深入的思考和研究？你们想怎么进行研究，或者说从哪些角度进行研究？

预设：哈里，哈里的父母，阿瑟，同学，老师。

师相机点评——一个特殊的死者，伤心不已的家人，他是众多幽灵中的一个。

（2）师追问文中还有哪些人物？

预设：姐姐等。

3. 小组合作，选择角度学习

明确学习内容

（PPT 出示）你想从哈里父母的角度，哈里同学的角度，还是其他死者的角度去讨论研究呢？老师提供了这几个角度，我们自由组成小组，选择你喜欢的一个角度讨论研究。

角度一：哈里死后他的老师和同学们的生活情况。

角度二：哈里的家人在他死后的生活情况。

角度三：作为幽灵、活着时在生活中的差异。

角度四：书中的死者死亡后的状况。

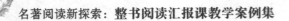

角度一：哈里想象中老师和同学们在他死后的反应 VS 现实中老师和同学们的反应。

角度二：家人在哈里离世后的生活状态。

角度三：哈里作为幽灵和作为人在生活、行动中的差别。

角度四：本书中不同死者的状况。

4. 自主研究，记录学习成果

【设计意图】深入文本，让学生分角度去探究不同的角度对待死亡的态度，从文本提取信息，并概括提炼，最后形成自己的认知。

5. 汇报交流，展示学习成果（截屏学生作品）

（1）：教师鼓励学生大胆说，认真听，特别强调不重复别人的发言。

角度1：

材料一：哈里死后他的老师和同学们的生活怎样？

1. 默读书中P40—42；P96，P105，P114—118，P126—128和哈里重返学校的相关内容，小组合作，提取关键信息，完成表格。

人	怎么纪念哈里	怎么生活

2. 交流：你体会到什么？把最深刻的感受用词语或简短的一句话写在卡纸上。

（2）引导学生思考，哈里的生命因一场车祸戛然而止，他措手不及，也茫然不知，后来接纳了自己死亡的现实，却幻想着老师们、同学们的思念，而他重返人间看到了一些真相，他似乎明白了什么。有请第 X 组来交流。

预设：奥利维雅，哈里幻想她每天会换上新的玫瑰，悲伤不已；实际上她却看上去和平常一样，一点都没有遭受巨大打击的样子。

彼得，哈里幻想他悲伤不已；实际上他却和杰菲玩得不亦乐乎。

杰菲，哈里幻想他内疚自责，从此变了一个人；实际上他的生活没有一丝改变，还和哈里的死党彼得成为好朋友。

马蒂娜，全班最有艺术细胞的人，她一定会做彩色插花图；实际上没有。

格雷厄姆，一定会给他写花体字的条幅；实际上没有。

雷蒙德先生，会非常思念哈里；实际上他依然上课，没有丝毫影响。

思罗克班主任，他会思念全班最优秀的孩子、举手最积极的孩子；实际上他依然工作。

哈里特校长，他会在全校面前讲话，说哈里的死是学校最大的损失；实际上他招收了新同学鲍尔安德森。

学校，整个学校都会为他默哀，为他祈祷；实际上没有。

教室，都在悼念他，张贴纪念他的画片；实际上只有一面墙。

足球队，没有他没法踢球；实际上他们依然踢得很开心。

大衣钩，幻想中它们能贴上黄铜牌；实际上被鲍尔安德森用了。

桌子、柜子，幻想中总是被别人纪念；实际上也被鲍尔安德森用了。

（3）教师小结：哈里幻想中老师们、同学们悲伤不已，无比思念他，回到人间后，发现自己走了，老师和同学们也在用不同的方式来纪念他，但是哈里并不会长久地影响别人的生活，因为他们还要各自过自己的生活，因为你不在了，生活还在继续。别人原来怎么活，现在还怎么活；一个人的影响并不大。

角度2：

材料二：哈里的家人在他死后的生活情况。

1. 阅读第10、11、12章，提取关键信息，填写下面的表格，再根据表格内容说说家人在哈里离世后的生活是怎样的。

	做的事情	心情	生活情况
爸爸			
妈妈			
姐姐			
全家人			

2. 交流讨论：你体会到什么？把大家最深的感受用一两个词语或简短的话写在卡纸上。

（4）引导学生去关注家人的状态。此时此刻，哈里感慨万千，走出了学校，走到了墓地，走回了家，他看到爸爸妈妈和姐姐的状态，他有了新的感悟。有请第X组来汇报。

预设：爸爸妈妈为他买了上好的墓地，给他买了漂亮的花岗岩墓碑。全家人每天都会去看望他，带上他最喜欢的玫瑰花；回到家里，也沉浸在悲伤中无法消除；妈妈会为他准备下午茶，仿佛他从未离开一样；爸爸妈妈认为他是世界上最好的孩子，没人可以代替他；爸爸的精神都要崩溃了；姐姐内疚不已。

（5）教师小结：哈里感受到悲伤席卷而来，爸爸的崩溃，妈妈的难过，姐姐的自责和伤心，他才明白了：你不在了，家人崩溃了；你不在了，家就散了；你不在了，生活不在了；你不在了，世界坍塌了。

角度3：

材料三：作为幽灵、活着时在生活中的差异：
1.默读材料三，小组合作学习完成表格。

	可以做的事情	不能做的事情	能感受到的情绪
幽灵			
活着			

2.交流：你从中感受到什么？把大家最深刻的感受用
一两个词语写下来。

（6）引导学生感受作为幽灵的优劣。哈里明白了他的离世给家人带来了灾难性的打击和毁灭，他想去安慰他们，想拥抱他们，甚至想和他们生活在一起，但是他统统都不能，因为他只是个幽灵，有请第 X 组汇报幽灵和人的区别。

预设1：作为幽灵，他可以飞，可以用意念控制一些事物，走路不着地，还可以任意穿越障碍，是无比自由的；活着的人可以做许多事情。

预设2：幽灵说话别人听不到，触摸不到东西，不用换洗衣服，不用变老；活着的人不能飞，不能用意念，不能穿墙而过。

预设3：幽灵只能感受到自己的情绪；活着的人可以感受很多的情绪。

（7）教师小结：活着的时候，有很多烦恼，却能做很多事情，会哭泣，会愤怒，会难过，会失望，这一切都是那么真实，那么鲜活，那么明媚。所以，哈里觉得活着才是世界上最好的事情。

角度4：

材料四：书中的死者死亡后的状况。
1.阅读材料四，完成表格的填写。

	是否回到人间（打勾）	回到人间的原因（有就填写）
阿瑟		
哈里		
斯坦		
诺曼·蒂尔		
特罗小姐		
叫不出名字的人		
瘦弱老人		

2. 交流：瘦弱老人与别的死者有什么不同？你有什么感受？
把大家最深的感受用词语或一句话写下来。

（8）继续研读生命的意义。活着是这世界上最美好的事情，死亡又是不可避免的事。那么，什么样的人才会了无遗憾呢？有请第 X 组来汇报。

预设：他们都重返了人间，去了却自己的心愿。

预设：那位瘦弱的老人没有重返人间。因为他已经经历了完整的人生，他已经活够了，他的朋友都去世了。

预设：经历完整人生、寿终正寝的人就不会有遗憾。

（9）教师小结：是啊，那些没有经历完整人生的人，必定会心存遗憾。一个人只有经历了完整的人生，寿终正寝，才会了无遗憾，才会坦然走向天蓝色的彼岸。同学们，哈里的旅程结束了，我们一路阅读，一路思考，一路收获，我们知道了（读板书），这些对生命的感悟和新的认识，就是生命之义。（板书：生命之义）

【设计意图】通过小组合作学习，学生得以真正去探究生死的意义，感受到死亡对于不同的人来说，影响是不同的，从而知道生命是不可逆的，要珍惜生命，珍惜现在的生活。

6. 思考辩论，探寻生死价值

引导学生思考生命的意义。司马迁说，人固有一死，或重于泰山，或轻于鸿毛。虽说要经历完整的一生才了无遗憾，但是个人的生命在家国责任面前，又何去何从，孰轻孰重？没有对错，请大家发表自己的看法。

预设：苟利国家生死以，岂因祸福避趋之，个人利益让位于家国责任。

预设：留得青山在，不怕没柴烧。爱国爱家固然重要，但是保住性命也很重要。

【设计意图】通过学习和交流，明确生命的意义，珍惜自己的生命，并且不是只照顾自己的感受，还要兼顾别人的感受，从而更好地珍惜生命。

活动三：统整研究结果，悟出生活之道

1. 统整结果，感悟生活之道

（1）引导学生思考怎么对待生命。现在小组讨论，把你们的答案写在卡纸上。

（2）学生分享。

预设：珍惜生命，珍爱生活，停止抱怨，享受现在，知足常乐，活在当下，珍惜身边的每一个人，珍惜活着的每一天……

（3）教师小结：我为你们的发现喝彩，为你们的感悟鼓掌（读板书），这些深刻的感悟就是生活之道。（板书：生活之道）

2. 再读结尾，感悟好好活着

（1）朗读文本的结尾，思考哈里重返人间，了却了心愿，是不是就没有遗憾了？是不是就可以坦然走向天蓝色的彼岸？（请一个同学读文段。）

（2）生读文。

（3）引导感悟：你听到了什么？

预设：哈里虽然和姐姐道了歉，了却了心愿，但他还是依依不舍，他对这个人世念念不忘，十分怀念。

（4）教师小结：哈里最想做的事情就是好好活着，（板书：好好活着）这就是最好的生活之道。

3. 自创小诗，坚信好好活着

（1）教师展示自创诗，邀请同学们一起来读读：

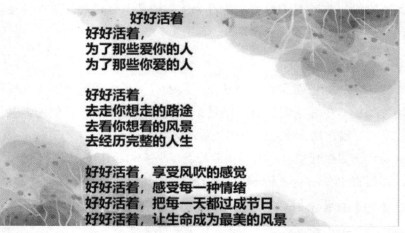

好好活着

好好活着，
为了那些爱你的人
为了那些你爱的人

好好活着，
去走你想走的路途
去看你想看的风景
去经历完整的人生

好好活着，享受风吹的感觉
好好活着，感受每一种情绪
好好活着，把每一天都过成节日
好好活着，让生命成为最美的风景

（2）师生合作读诗。

（3）教师小结：亲爱的同学们，好好活着，好好享受这份生命最珍贵的礼物吧。

【设计意图】通过整节课的学习，学生更加明白生命的可贵，更懂得生活的意义就是要好好活着。老师也能结合自己的感悟，写成小诗，产生情感上的共鸣和体验，进而更好地生活，让生命成为最美的风景。

七、板书设计

好好活着

——《天蓝色的彼岸》整书阅读汇报课

生死之问　　　生命之义　　　生命之道

（建议年级：小学五六年级）

走进"稻草人"的世界，读懂现当代童话的深意

——《稻草人》任务群教学设计

成都棠湖外国语学校　徐文洁

【书籍简介】

　　1923 年，叶圣陶将自己在 1921 年至 1922 年上半年创作的二十三篇童话结集出版，将最后一篇《稻草人》的篇名用作全集的名称。这部童话集中的部分作品为儿童描绘了一片充满想象的乐园，如《小白船》《芳儿的梦》《梧桐子》等；更多的作品则严肃地反映了现实社会，以引导儿童思考当时的社会现象，生发出对底层人民的同情。

　　当学生们捧起《稻草人》这本童话合集时，一场特别的阅读之旅便开始启航。书中的故事含义深刻，培养学生在阅读故事的同时，思考作者不同时期的创作意图。阅读这本书不仅能让学生享受阅读的乐趣，掌握阅读中国现当代童话的方法，更能理解童话中蕴含着作者自身的理想与追求，在启迪学生人生、涵养精神等方面具有重要的意义。

【任务群教学设计】

一、学习主题和内容

（一）学习主题

走进"稻草人"的世界，读懂现当代童话的深意

（二）学习内容

《稻草人》

二、学习目标与课时安排

（一）学习目标

1. 根据阅读计划自主阅读《稻草人》，了解每个小故事的内容，能用自己的话讲喜欢的故事，激发阅读兴趣。

2. 通过分析童话人物、理解重点语句、联系时代背景等多角度分析，读懂现当代中国童话故事的含义，引导学生掌握阅读方法，提高学生阅读能力。

3. 通过统整信息，合作探究，引导学生了解作者的创作意图，理解现当代童话作品的时代感。

4. 开展阅读推荐课，分享阅读方法，交流阅读笔记，为《稻草人》写阅读推荐语。

（二）课时安排

5—6 课时

三、学习情境

大家好，我是田间守护者——"稻草人"。这里，有甘甜的露水，有眨眼的星星，有明亮的月光；这里还有"神奇的种子"，想要探索世界的"梧桐子"，枝头轻唱的"燕子"……都为我们构成了一幅幅美丽的画卷，也蕴含着许多深刻的道理。故事中的真与假，善与恶，美与丑，会引领你不断思考，不断成长，有所启示。

来吧！我们的阅读之旅就要开始了，你做好准备了吗？深呼吸！把自己想象成童话里的角色，和我一起去感受他们的喜怒哀乐吧！

四、学习任务与学习活动

学习任务与学习活动设计

主题情境	学习任务	学习活动	课时安排
走进《稻草人》，读懂现当代童话的深意	任务一：初识《稻草人》，规划阅读之旅	1. 初识书籍，了解合集特点。 2. 浏览目录，尝读有趣故事。 3. 规划阅读，制订阅读计划。	1
	任务二：自读《稻草人》，徜徉故事之旅	1. 仔细阅读文本，了解故事内容。 2. 精读喜欢故事，提取主要情节。	2—3

续表

主题情境	学习任务	学习活动	课时安排
走进《稻草人》，读懂现当代童话的深意	任务三：研读《稻草人》，探究方法之旅	1. 回顾活动，走入文本。 2. 多角度分析，读懂故事含义。 3. 结合阅读感受，提炼人物品质。 4. 统整信息，明白创作意图。	1
	任务四：拓展《稻草人》，完成推荐之旅	1. 回顾阅读过程，分享阅读方法。 2. 分享感受体验，交流读书笔记。 3. 结合学习体验，写好书本推荐。	1

五、过程性评价与单元测评

过程性评价与单元测评设计

评价类型	内容	基本标准
过程性评价	初识《稻草人》，规划阅读之旅	1. 了解《稻草人》及作者生平，引发阅读期待。 2. 能有计划地阅读整本书，熟悉书中故事及人物。
	自读《稻草人》，徜徉故事之旅	1. 交流自己喜欢的故事，了解故事内容，画《稻草人》情节曲线图，讲好故事。 2. 分享读书笔记，从修辞、想象两个方面感受作者的语言特色。 3. 能提炼故事中人物的品质，了解人物内心。
	研读《稻草人》，探究方法之旅	1. 在学习过程中，能通过多角度分析，学会阅读这种类型童话的方法。 2. 通过阅读《稻草人》，能了解作者创作意图，将故事按照歌颂真善美、批判现实冷酷、争取自由反抗这几个类型，将创作和现实紧密结合四个板块分类。

评价类型	内容	基本标准
过程性评价	拓展《稻草人》，完成推荐之旅	1. 结合自己的学习体验，体会不同时期作者的创作意图。 2. 为《稻草人》写好书推荐语，吸引更多的人阅读这本书。
单元测评	总结方法，推开中国现当代童话阅读之门	1. 回顾自己的阅读过程，能梳理总结好的阅读方法，并反思自己需要改进的地方。 2. 能分享自己的阅读感受和体验，能交流自己的读书笔记。 3. 能通过《稻草人》习得的阅读方法，交流自己读懂了哪些中国现当代童话故事。

六、资源与工具

（一）资源

《稻草人》书籍、有声图书等。

（二）工具

阅读计划、阅读闯关单、过程性评价量表、阅读评价量表等。

七、设计说明

《稻草人》这本书是叶圣陶的文学作品，书里创作的故事离同学们生活的年代有些久远，在思想上呈现出一条显著的发展轨迹。在本次阅读之旅中，通过引导学生查找资料，了解作者的生平，激发他们对这本书的阅读兴趣，有计划地阅读故事。通过了解故事内容，精读故事，提取主要情节，绘制情节曲线图，并借助情节曲线图讲好故事。在研读过程中，引导学生梳理情节，感受人物品质。通过重点语句读懂故事含义，联系时代背景读懂故事创作意图，发现作者的创作轨迹。最后，为《稻草人》写好书推荐语，吸引更多的人阅读这本书。在阅读后，梳理总结当代童话的阅读方法，拓展阅读更多童话故事，提升阅读能力。

【教学设计】

走进"稻草人"的世界，读懂现当代童话的深意

——《稻草人》整书汇报交流

一、学情分析

五年级学生已经经历了整书阅读的汇报课，完整地读一本书对他们来说并不困难。

本书中的故事生动有趣，为学生们描绘了一片充满想象的乐园。但是故事的创作年代离学生比较久远，故事的含义和作者的写作意图学生们了解得不够深入，因此不能完全将书本读得透彻。

本次教学，选择《稻草人》来进行阅读汇报交流课，目的是引导学生在阅读整本书的时候能通过提炼读懂童话的方法继而发现作者的创作意图，并运用这样的方法，尝试自己读懂、读透童话故事。

二、教学内容

任务三——研读《稻草人》，探究方法之旅

三、教学目标

1. 能用多种形式展示和分享自己的阅读经历和体会；发现阅读童话的方法，锻炼表达与交流的能力。

2. 用学到的阅读童话的方法，拓展阅读童话故事，继续发展阅读能力。

3. 通过统整信息，进而明白作者创作意图。

四、教学重难点

能用多种形式展示和分享自己的阅读经历和体会；发现阅读童话的方法，发展表达与交流的能力。用学到的阅读童话的方法，拓展阅读童话故事，继续发展阅读能力。通过统整信息，进而明白作者创作意图。

五、教学准备

教师准备：
课件、磁性小黑板。
学生准备：
1.《稻草人》书本。
2. 准备事先为喜欢的故事绘制的情节曲线图。

六、教学过程

导入：回顾已有活动，走进《稻草人》这段时间，我们读了叶圣陶爷爷的文学作品——《稻草人》。同学们都很喜欢这本书，这节课让我们一起研究书本，探索童话故事给我们传递的深意。

活动一：回顾以往内容，走进《稻草人》

1. 老师先考考你们，根据提示猜人物。

测试1："国王，不必等敌人了！你要杀一个人解解气，就把我杀了吧！"（傻子）

测试2：星星就在她身边了，一颗颗都像荔枝那么大，光亮耀得她眼睛都花了。（芳儿）

测试3：他为地球上的人造出了很多机器，让地球人想要什么，只要按一下机关，就能得到他们需要的东西。（旅行家）

测试4：他看见士兵和大臣们也倒向人民那一边，不再怕他，身体一软就瘫在地上。（皇帝）

2. 猜人物难不倒你们，故事情节你们熟悉吗？

①《古代英雄的石像》中，骄傲的石像最终（倒下了）。

②《鳄鱼的遇险》中，救了他们的是（自己的泪水）。

③《一粒种子》一文中，重点描述种子经过（国王）（富翁）（商人）（士兵）手中，最后在（农夫）手中才成活。

3. 展示情节曲线图，并讲好故事。

学生上讲台展示曲线图，并借助情节曲线图讲好故事？（学生展示。）

【设计意图】《稻草人》这本书里有很多故事，用检测的形式唤起同学们对整本书的回忆，通过借助《稻草人》情节曲线图讲故事，明确本课探讨的重点，为后面的学习奠定基础。

活动二：多角度分析，读懂故事含义

1. 梳理情节，感受情节人物品质读懂故事含义。

过渡：老师把你们梳理的重要情节放入了表格。再次走进故事。以四人小组为单位讨论，通过情节你体会到稻草人怎样的性格品质。

①出示情节，学生读书汇报人物品质。

有责任心、有同情心、善良。

②聚焦故事情节，你有什么发现？

这些角色生活艰辛，结局悲惨。

③再看角色的性格品质呢？

有责任心，有同情心，特别善良。

汇总我们的发现，我们就读懂了故事。

主人公	情节	性格品质	读懂什么
稻草人	飞蛾吃稻子，农妇更贫困。	责任感、善良、同情心	1. 人物生活艰辛结局悲惨。 2. 稻草人有责任心而且善良富有同情心。
	渔妇捕鱼，无法照顾生病的孩子。		
	眼看鲫鱼缺水，最终死亡。		
	女人逃跑，掉进水里。		

④小结：通过分析情节和角色的性格品质，能帮助我们了解童话人物形象，从而读懂故事。（板书：分析童话人物）

【设计意图】童话《稻草人》以稻草人的眼泪，观照惨痛的世情却什么都挽救不了、改变不了。利用表格，分析稻草人的品质，聚焦情节，体会当时底层人民生活的环境，从而读懂故事含义。

2. 通过重点语句读懂故事含义

过渡：人物形象分析仅仅是读懂童话的一种方法，课前，我们还摘录了《稻草人》中给你深刻印象的语句，请展示你们的成果。

①抽学生展示摘录的句子。

学生汇报，教师相继板书：重点描写含义深刻。

这就是值得我们研究、理解的重点语句。从这些重点描写的语句中，你体会到了什么？

故事	重点语句	读懂什么
《稻草人》	八九年前……露出笑容来呢！	1. 人物生活艰难、困苦、凄凉、无助、悲惨、绝望……
	船舱里时常传出……格外凄惨	2. 揭露批判严酷的现实
	又过了好大一会儿……向河里蹿去。	

我觉得这些人的生活都很艰难、困苦、凄凉……

②作者为什么重点写这三个女人的故事？请孩子们以小组为单位讨论。

因为她们的生活都很凄惨。通过她们揭露社会的残酷，底层百姓生活的艰难。

③小结：通过理解重点语句的方法我们也能读懂这个故事。

板书：理解重点语句

【设计意图】展示学生们摘录的不同语句，从这些语句中，尤其是摘录的关于妇女、孩子以及鲫鱼生存状态的语句，引导学生思考他们生活环境的共同点，挖掘人物内心，体会当时严酷的现实，从而读懂故事含义。

3.联系时代背景读懂故事含义

过渡：深入读懂故事后，你的心情怎样？

沉重、难过。

为什么我们会有这样的感受呢？借助课前收集的资料，谈谈你们的看法。

①指名学生读资料，并谈感受。

②师小结播放图片（配乐，图片一张一张出现）：20 世纪 20 年代到 40 年代军阀割据，灾荒、人祸不断，在混乱的年月里，老百姓面临饥饿，匪患，百姓只能靠讨饭、拉车、做苦力维持生活。正是在这样的社会背景下，作者才写出了这些让人读起来沉重，心酸的童话故事。

③小结：通过查找资料，联系时代背景我们也能读懂童话故事。

板书：联系时代背景

【设计意图】鼓励学生查找资料，结合时代背景，通过"稻草人"一个人物形象，以点到面，知道作者是在怎样的环境下写下了这些令人心痛、沉重的故事。

4.回顾板书，总结方法

同学们，今天我们是从哪三个角度来读懂这本书里的童话故事呢？

分析人物形象、理解重点语句、联系时代背景。

【设计意图】再次回顾，明确通过这堂课学习了哪些方法来读懂童话故事。

活动三：统整信息，明白创作意图

1. 提出分组要求，发布学生任务。

分小组合作，读指定故事，完成下列表格。

2. 学生读故事，填表格。

故事	角色形象	读懂什么
故事	重点语句	读懂了什么
故事	时代背景	读懂了什么

3. 指定学生汇报。

故事	人物形象		重点语句	时代背景	读懂了什么
	人物	性格			
《小白船》	男孩儿和女孩儿	善良纯洁	……	填色块	真善美
《梧桐子》	梧桐子	追求自由	……	填色块	坚强勇敢
《稻草人》	稻草人	善良有同情心	……		人们生活艰难
《火车头的经历》	学生	不怕困难勇于进取	……		爱国敢于斗争

4. 统整每一个故事信息，得出结论。学生用上今天所学的方法，依次汇报自己小组读的故事，展示学习成果。

5. 统整四个故事，深入研究发现创作意图。

通过统整信息，研究发现，我们明白了作者的创作意图。早期他充满对真善美的追求，中期写《稻草人》时他转换笔调，对现实充满了强烈的批判，最后他鼓励大家应该与现实做斗争。

【设计意图】分小组合作读故事，通过感受人物性格、抓重点语句，联系时代背景的方法，发现作者的早期、中期、后期的创作轨迹，读懂《稻草人》这本童话集的深意。

活动四：回顾学习过程，总结读书方法

同学们，今天我们通过统整研究书本信息，分析童话人物，理解重点语句，联系时代背景，我们真正读懂了《稻草人》这本童话故事。咱们还可以用这样的方法去读懂这一类童话故事。相信你们运用这样的方法，就能品味这一类童话故事的魅力！下课！

【设计意图】激发学生继续阅读中国现当代童话，在阅读中进行深度思考。

七、板书设计

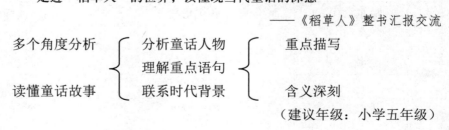

走进"稻草人"的世界，读懂现当代童话的深意

——《稻草人》整书汇报交流

多个角度分析 ┌ 分析童话人物 ┐ 重点描写
　　　　　　 │ 理解重点语句 │
读懂童话故事 └ 联系时代背景 ┘ 含义深刻

（建议年级：小学五年级）

读《三国》 品英雄

——《三国演义》任务群教学设计

成都棠湖外国语学校　谭毅

【书籍简介】

《三国演义》（又名《三国志演义》《三国志通俗演义》）是元末明初小说家罗贯中根据陈寿《三国志》和裴松之注解以及民间三国故事传说经过艺术加工创作而成的长篇章回体历史演义小说，与《西游记》《水浒传》《红楼梦》并称为中国古典四大名著。

《三国演义》是一部历史演义小说，也是中国第一部长篇章回体历史小说，此书以描写战争为主，大概分为黄巾起义、董卓之乱、群雄逐鹿、三国鼎立、三国归晋五大部分。描写了从东汉末年到西晋初年之间近百年的历史风云，描述了东汉末年的群雄割据混战和北魏、蜀汉、东吴三国之间的政治和军事斗争，最终司马炎一统三国，建立晋朝的故事。它反映了三国时期各类社会斗争与矛盾的转化，并概括了这一时期的历史巨变，塑造了一群叱咤风云的三国英雄人物。

《三国演义》是统编教材语文五年级下册快乐读书吧的推荐书目，本书中丰富多样的塑造人物的方法无疑是最合适的课外延伸和拓展。对于五年级的小学生而言，阅读《三国演义》不仅能拓宽他们对中国古代历史的认知，深入了解英雄辈出的三国时代，还能在复杂多变的情节中培养他们的思维能力，学习忠诚、仁义等优秀品质，从而塑造正面的价值观。同时，接触原著或白话文版，能显著提升他们的语言表达能力，并增强对中华文化的认同感和自豪感，为他们的全面发展奠定坚实基础。

【任务群教学设计】

一、学习主题和内容

（一）学习主题

读《三国》，品英雄

（二）学习内容

《三国演义》

二、学习目标与课时安排

（一）学习目标

1. 了解《三国演义》在中国文学史上的地位和影响，认识《三国演义》作者罗贯中及其创作背景。

2. 通过阅读《三国演义》原著，感受章回体小说的特点，了解本书主要情节和主要人物，并结合具体事例体会人物性格特点。

3. 通过制作人物关系图谱，厘清主要人物之间的关系，绘制"我心中的三国英雄"思维导图，分享"我心中的三国英雄"。

4. 运用"关联情节，分析性格；对比阅读，感悟形象；对照史书，客观评价；联系作品，全面评价。"的方法客观公正地对历史小说中人物做出客观、公正的评价。

5. 通过阅读《三国演义》，培养学生对古典文学的兴趣和热爱。

（二）课时安排

6—7 课时

三、学习情境

"话说天下大势，分久必合，合久必分。"这句话像一把钥匙，轻轻旋转，仿佛打开了时空的隧道，让我们穿越到那个英雄辈出的三国时代。那誓同生死兄弟的刘、关、张如何在乱世中相遇相知？又是如何携手共赴未知的命运？诸葛亮真的能借来东风，帮助周瑜火烧赤壁吗？关羽真的能够过五关斩六将，千里寻兄吗？还有那被称为"奸雄"的曹操，他究竟有着怎样的雄才大略，才能在乱世中立足？

这本《三国演义》里藏着的不仅仅是历史故事，更是智慧与勇气的较量，忠诚与背叛的抉择，以及关于成长、友情、责任与梦想的深刻启示。阅读《三国演义》，不仅仅是在读一个故事，更是在学习一段历史，感受一种文化，体会一种精神……

同学们，现在就让我们一起走进《三国演义》，与那些历史人物一同经历风雨，感受他们的喜怒哀乐，探寻那些隐藏在历史深处的秘密与真相吧！

四、学习任务与学习活动

学习任务与学习活动设计

主题情境	学习任务	学习活动	课时安排
读《三国》品英雄	任务一：三国开篇识英雄	1. 翻阅名著目录，预见英雄风采。 2. 精读开篇章节，解析英雄志向。 3. 角色代入演绎，感受英雄情怀。 4. 揭示开篇要义，激发阅读兴趣。	1
	任务二：三国故事析智慧	1. 翻阅经典篇目，寻觅智慧火花。 2. 精读典故细节，剖析智慧精髓。 3. 智慧对比探讨，拓展思维深度。 4. 总结智慧启示，促进自主研读。	2
	任务三：三国战阵赏谋略	1. 概览战役篇章，初探谋略风采。 2. 细析战术布局，解密谋略精髓。 3. 英雄武将对比，鉴赏谋略差异。 4. 审视谋略优异，思辨智谋价值。	2
	任务四：三国英雄谱传奇	1. 竞答三国知识，回顾英雄信息。 2. 研读小说情节，剖析英雄特点。 3. 借助史书记载，对比英雄形象。 4. 探究文学成就，评价英雄贡献。	1
	任务五：三国文化寻根源	1. 概览三国历史，探寻文化源头。 2. 品读原著精华，感悟文化韵味。 3. 探秘三国遗迹，体验文化现场。 4. 明了三国价值，传承文化精神。	1

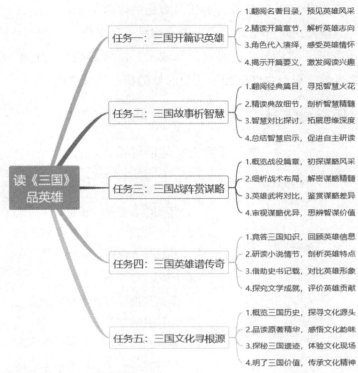

五、过程性评价与单元测评

过程性评价与单元测评设计

评价类型	内容	基本标准
过程性评价	任务一：三国开篇识英雄	1.能借助目录中的章节标题，列举出至少三位主要英雄人物名称，初步构建出整个故事的历史框架。 2.通过精读"桃园三结义"片段，能概括出刘备、关羽、张飞的出身和经历及初步展现的志向或理想。 3.通过角色扮演，表演"桃园三结义"片段，初步了解人物的情感世界、英雄情怀。
	任务二：三国故事析智慧	1.能识别并列举出至少两个经典篇目中的智慧策略或行为，简要说明这些策略如何体现了古人的智慧。 2.深入精读所选经典篇目的具体细节，包括人物对话、心理、决策、布局等，能用自己的话简单解释这些智慧如何帮助人物解决问题或达成目标。 3.能通过对比探讨，发现不同智慧策略之间的异同点，培养学生批判性思维和解决问题的能力。

评价类型	内容	基本标准
过程性评价	任务三：三国战阵赏武略	1. 能借助思维导图简单叙述至少两场战役的基本情况和主要参与者，初步感受战役中展现的武略风采。 2. 能通过战役情况对比，小组讨论，对比不同英雄人物的风格和成就。
	任务四：三国英雄谱传奇	1. 回顾主要英雄人物相关知识。通过抢答的形式，能准确且快速地回答问题。 2. 能借助"我心目中的三国英雄"思维导图分享自己心目中的"三国英雄"。 3. 能通过对情节片段的细致分析，准确概括出刘备、曹操的主要特点，如：家庭身世、理想志向、对待人才、对待失败、性格品质……并做出自己的评价。
	任务五：三国文化寻根源	1. 能通过自主查阅资料，了解三国时期的历史背景、主要事件及文化特色。 2. 通过品味语言、分析人物性格和情节发展，领悟《三国演义》所蕴含的文化韵味。 3. 能通过亲身体验，直观感受三国时期的历史遗迹和文化氛围，将书本知识与实践相结合，加深对三国文化的理解和感受，增强历史现场感。
单元测评	读《三国》，品英雄	1. 能用简单的语言概括本书的主要内容。 2. 能列出《三国演义》主要角色，经典故事，并用自己的话讲述精彩的情节。 3. 运用"关联情节，分析性格；对比阅读，感悟形象；对照史书，客观评价；联系作品，全面评价"的方法客观公正地对历史小说中的人物做出客观、公正的评价。 4. 能用上本书的学习方法阅读其他古典文学名著。

六、资源与工具

（一）资源

《三国演义》《三国志》原著书籍。

（二）工具

阅读计划、三国知识问答题卡、过程性评价量表、"我心目中的三国英雄"思维

导图、人物关系图、阅读评价量表等。

七、设计说明

《三国演义》整本书阅读任务群教学设计旨在通过五个精心规划的课时，引领学生踏上三国历史的探索之旅。从"导读课：三国开篇识英雄"揭开序幕，让学生初识英雄豪杰，激发阅读兴趣；到"推进课：三国故事析智慧、三国战阵赏谋略"，通过分析故事背后的智慧与哲理，领略战场上的惊心动魄与智勇较量，从而深入理解不同的英雄人物形象；随后"汇报课：三国英雄谱传奇"，让学生运用"关联情节，分析性格；对比阅读，感悟形象；对照史书，客观评价；联系作品，全面评价。"的方法客观公正地对历史小说中人物做出客观、公正的评价；最终以"拓展课：三国文化寻根源"收尾，探寻三国文化的深厚底蕴与对后世的影响。这一任务群教学设计旨在促进学生综合素养的提升，让阅读成为连接古今、启迪智慧的桥梁。

【教学设计】

三国英雄谱传奇

——《三国演义》整书汇报交流

一、学情分析

大部分五年级学生已经有较浓厚的学习兴趣，养成了较好的阅读习惯，基本学会了概括一本书的梗概，也能运用浏览、选读、跳读等阅读方法提取故事信息。但是《三国演义》属于长篇文白掺杂的古典历史演义小说，这一语言特点以及学生的阅读能力、学生对本书感兴趣的程度，都决定了学生在阅读《三国演义》原著的过程中会遇到很多困难，学生阅读所经历的时间会更长，需要老师在阅读的过程中做出指导。大部分学生对三国这段历史的了解都是基于这本小说中的情节，学生对历史人物的评价还比较片面。

二、教学内容

任务四——三国英雄谱传奇

三、教学目标

1. 回忆《三国演义》内容，完成"三国知识知多少"闯关挑战，概括本书内容。

2. 展示"我心中的三国英雄"思维导图，分享"我心中的三国英雄"。

3. 运用"关联情节，分析性格；对比阅读，感悟形象；对照史书，客观评价；联系作品，全面评价"的方法客观公正地对历史小说中人物做出客观、公正的评价。

四、教学重难点

1. 展示"我心中的三国英雄"思维导图，分享"我心中的三国英雄"。

2. 运用"关联情节，分析性格；对比阅读，感悟形象；对照史书，客观评价；联系作品，全面评价"的方法客观公正地对历史小说中人物做出客观、公正的评价。

五、教学准备

老师准备：

课件、阅读材料、小组合作学习单。

学生准备：

通读《三国演义》原著、绘制"我心目中的三国英雄"思维导图。

六、教学过程

导入：回顾已学任务，引入本课内容

同学们，最近一段时间我们共同阅读了《三国演义》，在前面的学习中，我们初识了三国英雄人物，在三国人物故事以及著名战役的交流会中，我们感悟了英雄人物的智慧与谋略。这节课，我们走进任务四：三国英雄谱传奇，继续去品读《三国演义》中的英雄人物。

活动一：竞答三国知识，回顾英雄信息

1. 首先，老师要考考大家——三国知识知多少？学生闯关，回答相关问题。

第一关：给地图排序。

第二关：借助地图，概括全书内容。

第三关：根据信息猜人物。

第四关：根据情节猜故事。

第五关：《三国演义》中有名有姓的人物有多少个？

2. 明确答案，适时点拨，小说中一共出现了1191个有名有姓的人物。

【设计意图】通过"竞答三国知识"环节，回顾《三国演义》内容，检测学生阅读情况，增强课堂互动性，让学生在趣味挑战中巩固阅读成果，为后续深入"品三国"

奠定坚实基础。

活动二：研读小说情节，剖析英雄特点

1. 人物众多、形象鲜明而富有个性是《三国演义》的一个主要特点。《三国演义》是我国古代文学中写人物最多的一部作品。正是围绕着这些人物形成了一个又一个小故事，这些小故事共同构成了"三国"这幅波澜壮阔的历史画面。

读了这本书，你心目中的三国英雄是谁呢？课前，大家做了思维导图，现在请几位同学来给大家汇报一下。

2. 学生汇报"我心目中的三国英雄"思维导图。我们心中都有各自的英雄，那曹操心目中的英雄是谁呢？

3. 在故事"青梅煮酒论英雄"中，曹操对英雄这样理解——操曰："夫英雄者，胸怀大志，腹有良谋，有包藏宇宙之机，吞吐天地之志者也。"玄德曰："谁能当之？"操以手指玄德，后自指，曰："今天下英雄，惟使君与操耳！"

你们觉得他们俩到底当不当得起英雄呢？（板书：论英雄。）

学生回顾名著内容，自由发表观点。

4. 如果满分 10 星，1—10 星，你觉得他们可以得多少星呢？

请两名学生为曹操、刘备评星。

5. 对同一个人物，大家都会有各自不同的评价，比如：老师在第一次阅读了《三国演义》之后，我觉得刘备可以得到 6 颗星，而曹操只能得到 3 颗星。现在请每位同学对这两位人物进行星级评价，填写在第 1 次评星栏里。

我心目中的三国英雄				
姓名	第一次评星 （初印象）	第二次评星	第三次评星	第四次评星
刘备	★★★★★★			
曹操	★★★			

全体同学为曹操、刘备评星。

6. 他们是不是英雄，曹操说了还不算，我们现在说了也不算，还需要再次走进小说，更深入地研究这两个人物。我们可以从哪些方面去深入研究人物形象呢？

学生自由汇报可以研究的方面。如：家庭身世、理想志向、对待人才、对待失败、性格品质。

7. 出示研究表格、分工安排。

分工安排								
组别	组员	探究内容	参考材料	组别	组员	探究内容	参考材料
第一大组（1—5小组）	1	刘备家庭身世理想志向	原文：第1回P2；材料一	第二大组（6—10小组）	1	曹操家庭身世理想志向	原文：第1回P4—5；材料四
	2	刘备对待人才	原文：第35回P190—191；材料二		2	曹操对待人才	材料五
	3	刘备对待失败	原文：第41回P220—223		3	曹操对待失败	原文：第50回P264—266
	4	刘备性格特点	材料三		4	曹操性格特点	材料六

学生自主浏览材料，阅读2分钟，小组合作探究5分钟，完成表格，提炼关键信息。记录员汇总到一个表格。

8. 小组代表汇报，其他小组补充，老师根据学生的汇报呈现在屏幕上。

9. 通过关联情节，分析了两人的性格。（板书：关联情节，分析性格。）

10. 现在老师将大家对他们两人探究的结果放在一起，对比一下，他们有什么相同之处，有什么不同之处？

11. 第二次给他们两人评星。学生分享评星有无变化，并说明为什么加星或减星。

我心目中的三国英雄				
姓名	第一次评星（初印象）	第二次评星（深入研究小说）	第三次评星	第四次评星
刘备	★★★★★★			
曹操	★★★			

12. 我们深入研究了小说中的人物之后对他们有了新的认识。但是《三国演义》是一本历史小说，（板书：历史小说。）曹操、刘备在历史上是真实存在的，那么历史中的人物和小说中的人物形象是一样的吗？接下来让我们走进真实的历史。

【设计意图】从文学作品的角度出发，通过多维度、深层次的学习活动，引导学生深入了解了曹操与刘备这两位核心英雄人物的性格特质、理想追求及历史地位。激发学生对古典文学的兴趣，更是为了培养其批判性思维能力、小组合作探究能力及文学鉴赏能力。

活动三：借助史书记载，对比英雄形象

1. 对比阅读材料七：小说是如何描写的，史书是如何记载的？思考有什么发现？（以表格形式呈现。）

2. 课件总结出示小说与史书的区别。

《三国演义》就是七分历史事实，三分想象虚构，以蜀汉政权为正统，站在刘备一方，尊刘抑曹，对曹操的形象进行了丑化、扭曲。

3. 学到这儿，大家有什么疑问吗？预设：为什么会有这样的（差异）不同？

4. 要想找到答案，还需要结合这本小说的成书背景以及作者生平。

学生阅读材料八，汇报。

5. 刚才我们既了解了小说中的人物形象，也了解了历史中的人物形象，现在你打算给他们评几星呢？

学生评，请两名学生分享为什么加星或减星。

我心目中的三国英雄			
姓名	第一次评星 （初印象）	第二次评星 （深入研究小说）	第三次评星 （对比历史）	第四次评星
刘备	★★★★★★			
曹操	★★★			

6. 对照史书，我们对历史中的人物有了更客观的评价。（板书：对照史书，客观评价）

【设计意图】引导学生深入探究文学作品与历史记载之间的差异，进而理解文学作品的艺术加工与历史真实性的区别，激发学生的批判性思维。提出并探讨差异产生的原因，引导学生结合成书背景及作者生平深入分析，鼓励学生结合史实对历史人物进行客观评价，培养历史素养与文学鉴赏能力，实现知识与能力的双重提升。

活动四：探究文学成就，评价英雄贡献

1. 俗话说：酒品识人品，作品见人品。接下来我们一起了解他们在文学方面的成就。大家知道曹操有哪些作品吗？

学生自由汇报。《短歌行》《龟虽寿》《蒿里行》《观沧海》《苦寒行》《度关山》……

学生齐读《观沧海》，再呈现其他作品的名句（至少三篇）。

2. 刘备也留下了一句名言，课件出示。学生读一读。

3. 将两人作品在课件中对比呈现。

4. 在文学上，曹操的成就可谓更胜一筹。从作品中就能感受到曹操心目中英雄的品质、志向……他的心胸与气魄，正如他对英雄的评价：夫英雄者，胸怀大志，腹有良谋，有包藏宇宙之机，吞吐天地之志者也。我觉得他就是这样的一个人。

5. 这节课就要接近尾声了，请大家再最后一次给他们评星。

6. 现在我们看看四次评星，有没有变化非常大的同学？来给我们分享一下你的思考。

我心目中的三国英雄				
姓名	第一次评星 （初印象）	第二次评星 （深入研究小说）	第三次评星 （对比历史）	第四次评星 （对比作品）
刘备	★★★★★★			
曹操	★★★			

7. 曹操的历史形象在汉唐还是正面的，经过宋、明，到清朝到了最低谷，乾隆评价曹操是"篡位"的逆贼、奸臣。鲁迅却说曹操是英雄，毛主席对曹操也持正面评价，赞扬"曹操是了不起的政治家、军事家，也是个了不起的诗人……"我们联系人物的作品，对人物就能做出更加全面的评价。（板书：联系作品，全面评价。）

8. 同学们，通过这节课的学习，大家有什么收获呢？

学生结合板书和对两个人物认识的变化谈收获。围绕读历史小说怎样一步步得出客观评价的。

9. 师小结：《三国演义》是历史小说，正确认识历史小说中的人物，我们要跳出小说，去读历史，结合文学作品，结合不同时代对他的评价，才能得到对一个历史人物客观、公正、全面的评价。

【设计意图】通过深入探究曹操与刘备在文学领域的成就，引导学生理解作品与个人品质、历史评价的内在联系。结合历史长河中对曹操评价的变迁，引导学生认识到评价人物的复杂性与多面性，强调联系作品、全面评价的重要性。帮助学生掌握正确评价历史小说中人物的方法，培养其批判性思维与全面认知历史人物的能力。

活动五：总结学习收获，拓展阅读视野

1. 课后大家还想将哪些人物进行对比阅读呢？还想去客观、公正地了解哪位人物呢？

学生分享还想将人物进行对比阅读的例子。如：诸葛亮与周瑜，孙权与刘备，关羽与张飞……

2. 希望大家多读经典，反复品读经典，因为每一次读，都会有不一样的感悟与收获，这就是经典文学的魅力。

【设计意图】引导学生总结学习收获，并激发他们拓宽阅读视野的热情。鼓励学生自主提出对比阅读的人物，深化对历史人物的理解与认识，同时强调多读经典文学作品的重要性，让学生体会经典文学在反复品读中带来的丰富感悟与持久魅力。

七、板书设计

三国英雄谱传奇

——《三国演义》整书汇报交流

历史小说	关联情节，分析性格
	对比阅读，感悟形象
	对照史书，客观评价
	联系作品，全面评价

（建议年级：小学五年级）

附1：阅读材料

材料一

及刘焉发榜招军时，玄德年已二十八岁矣。当日见了榜文，慨然长叹。随后一人厉声言曰："大丈夫不与国家出力，何故长叹？"玄德回视其人，身长八尺，豹头环眼，燕颔虎须，声若巨雷，势如奔马。玄德见他形貌异常，问其姓名。其人曰："某姓张名飞，字翼德。世居涿郡，颇有庄田，卖酒屠猪，专好结交天下豪杰。恰才见公看榜而叹，故此相问。"玄德曰："我本汉室宗亲，姓刘，名备。今闻黄巾倡乱，有志欲破贼安民，恨力不能，故长叹耳。"飞曰："吾颇有资财，当招募乡勇，与公同举大事，如何。"玄德甚喜，遂与同入村店中饮酒。

——第一回　宴桃园豪杰三结义　斩黄巾英雄首立功

孔明曰："德操、元直，世之高士。亮乃一耕夫耳，安敢谈天下事？二公谬举矣。

将军奈何舍美玉而求顽石乎？"玄德曰："大丈夫抱经世奇才，岂可空老于林泉之下？愿先生以天下苍生为念，开备愚鲁而赐教。"孔明笑曰："愿闻将军之志。"玄德屏人促席而告曰："汉室倾颓，奸臣窃命，备不量力，欲伸大义于天下，而智术浅短，迄无所就。惟先生开其愚而拯其厄，实为万幸！"

……

玄德拜请孔明曰："备虽名微德薄，愿先生不弃鄙贱，出山相助。备当拱听明诲。"孔明曰："亮久乐耕锄，懒于应世，不能奉命。"玄德泣曰："先生不出，如苍生何！"言毕，泪沾袍袖，衣襟尽湿。孔明见其意甚诚，乃曰："将军既不相弃，愿效犬马之劳。"

——第三十八回　定三分隆中决策　战长江孙氏报仇

材料二

（一顾茅庐，不遇）三人回至新野，过了数日，玄德使人探听孔明。回报曰："卧龙先生已回矣。"玄德便教备马。张飞曰："量一村夫，何必哥哥自去，可使人唤来便了。"玄德叱曰："汝岂不闻孟子云：欲见贤而不以其道，犹欲其入而闭之门也。孔明当世大贤，岂可召乎！"遂上马再往访孔明。关、张亦乘马相随。时值隆冬，天气严寒，彤云密布。行无数里，忽然朔风凛凛，瑞雪霏霏：山如玉簇，林似银妆。张飞曰："天寒地冻，尚不用兵，岂宜远见无益之人乎！不如回新野以避风雪。"玄德曰："吾正欲使孔明知我殷勤之意。如弟辈怕冷，可先回去。"飞曰："死且不怕，岂怕冷乎！但恐哥哥空劳神思。"玄德曰："勿多言，只相随同去。"

……

（二顾茅庐，不遇）玄德曰："刘备直如此缘分浅薄，两番不遇大贤！"均曰："少坐献茶。"张飞曰："那先生既不在，请哥哥上马。"玄德曰："我既到此间，如何无一语而回？"因问诸葛均曰："闻令兄卧龙先生熟谙韬略，日看兵书，可得闻乎？"均曰："不知。"张飞曰："问他则甚！风雪甚紧，不如早归。"玄德叱止之。均曰："家兄不在，不敢久留车骑；容日却来回礼。"玄德曰："岂敢望先生枉驾。数日之后，备当再至。愿借纸笔作一书，留达令兄，以表刘备殷勤之意。"均遂进文房四宝。玄德呵开冻笔，拂展云笺，写书曰："备久慕高名，两次晋谒，不遇空回，惆怅何似！窃念备汉朝苗裔，滥叨名爵，伏睹朝廷陵替，纲纪崩摧，群雄乱国，恶党欺君，备心胆俱裂。虽有匡济之诚，实乏经纶之策。仰望先生仁慈忠义，慨然展吕望之大才，施子房之鸿略，天下幸甚！社稷幸甚！先此布达，再容斋戒薰沐，特拜尊颜，面倾鄙悃。统希鉴原。"玄德写罢，递与诸葛均收了，拜辞出门。均送出，玄德再三殷勤致意而别。

——第三十七回　司马徽再荐名士　刘玄德三顾草庐

（三顾茅庐）三人来到庄前叩门，童子开门出问。玄德曰："有劳仙童转报：刘备专来拜见先生。"童子曰："今日先生虽在家，但今在草堂上昼寝未醒。"玄德曰："既如此，且休通报。"分付关、张二人，只在门首等着。玄德徐步而入，见先生仰卧于草堂几席之上。玄德拱立阶下。半晌，先生未醒。关、张在外立久，不见动静，入见玄德犹然侍立。张飞大怒，谓云长曰："这先生如何傲慢！见我哥哥侍立阶下，他竟高卧，推睡不起！等我去屋后放一把火，看他起不起！"云长再三劝住。玄德仍命二人出门外等候。望堂上时，见先生翻身将起，忽又朝里壁睡着。童子欲报。玄德曰："且勿惊动。"又立了一个时辰，孔明才醒。

——第三十八回　定三分隆中决策　战长江孙氏报仇

材料三

徐庶览毕，泪如泉涌。持书来见玄德曰："某本颍川徐庶，字元直；为因逃难，更名单福。前闻刘景升招贤纳士，特往见之；及与论事，方知是无用之人，故作书别之。黄夜至司马水镜庄上，诉说其事。水镜深责庶不识主，因说刘豫州在此，何不事之？庶故作狂歌于市以动使君；幸蒙不弃，即赐重用。争奈老母今被曹操奸计赚至许昌囚禁，将欲加害。老母手书来唤，庶不容不去。非不欲效犬马之劳，以报使君；奈慈亲被执，不得尽力。今当告归，容图后会。"玄德闻言大哭曰："子母乃天性之亲，元直无以备为念。待与老夫人相见之后，或者再得奉教。"徐庶便拜谢欲行。玄德曰："乞再聚一宵，来日饯行。"孙乾密谓玄德曰："元直天下奇才，久在新野，尽知我军中虚实。今若使归曹操，必然重用，我其危矣。主公宜苦留之，切勿放去。操见元直不去，必斩其母。元直知母死，必为母报仇。力攻曹操也。"玄德曰："不可。使人杀其母，而吾用其子，不仁也；留之不使去，以绝其子母之道，不义也。吾宁死，不为不仁不义之事。"众皆感叹。

——第三十六回　玄德用计袭樊城　元直走马荐诸葛

材料四

年二十，举孝廉，为郎，除洛阳北部尉。初到任，即设五色棒十余条于县之四门，有犯禁者，不避豪贵，皆责之。中常侍蹇硕之叔，提刀夜行，操巡夜拿住，就棒责之。由是，内外莫敢犯者，威名颇震。

——第一回　宴桃园豪杰三结义　斩黄巾英雄首立功

且说曹操逃出城外，飞奔谯郡。路经中牟县，为守关军士所获，擒见县令。操言："我是客商，覆姓皇甫。"县令熟视曹操，沉吟半晌，乃曰："吾前在洛阳求官时，曾认得汝是曹操，如何隐讳！且把来监下，明日解去京师请赏。"把关军士赐以酒食而去。至夜分，县令唤亲随人暗地取出曹操，直至后院中审究；问曰："我闻丞相待汝不薄，何故自取其祸？"操曰："燕雀安知鸿鹄志哉！汝既拿住我，便当解去请赏。何必多问！"县令屏退左右，谓操曰："汝休小觑我。我非俗吏，奈未遇其主耳。"操曰："吾祖宗世食汉禄，若不思报国，与禽兽何异？吾屈身事卓者，欲乘间图之，为国除害耳。今事不成，乃天意也！"县令曰："孟德此行，将欲何往？"操曰："吾将归乡里，发矫诏，召天下诸侯兴兵共诛董卓：吾之愿也。"县令闻言，乃亲释其缚，扶之上坐，再拜曰："公真天下忠义之士也！"曹操亦拜，问县令姓名。县令曰："吾姓陈，名宫，字公台。老母妻子，皆在东郡。今感公忠义，愿弃一官，从公而逃。"操甚喜。是夜陈宫收拾盘费，与曹操更衣易服，各背剑一口，乘马投故乡来。

——第四回　废汉帝陈留践位　谋董贼孟德献刀

遂连夜到陈留，寻见父亲，备说前事；欲散家资，招募义兵。父言："资少恐不成事。此间有孝廉卫弘，疏财仗义，其家巨富；若得相助，事可图矣。"操置酒张筵，拜请卫弘到家，告曰："今汉室无主，董卓专权，欺君害民，天下切齿。操欲力扶社稷，恨力不足。公乃忠义之士，敢求相助！"卫弘曰："吾有是心久矣，恨未遇英雄耳。既孟德有大志，愿将家资相助。"操大喜；于是先发矫诏，驰报各道，然后招集义兵，竖起招兵白旗一面，上书"忠义"二字。不数日间，应募之士，如雨骈集。

——第五回　发矫诏诸镇应曹公　破关兵三英战吕布

材料五

却说许攸暗步出营，径投曹寨，伏路军人拿住。攸曰："我是曹丞相故友，快与我通报，说南阳许攸来见。"军士忙报入寨中。时操方解衣歇息，闻说许攸私奔到寨，大喜，不及穿履，跣足出迎，遥见许攸，抚掌欢笑，携手共入，操先拜于地。攸慌扶起曰：

"公乃汉相，吾乃布衣，何谦恭如此？"操曰："公乃操故友，岂敢以名爵相上下乎！"

——第三十回　战官渡本初败绩　劫乌巢孟德烧粮

（陈琳为袁绍做讨伐曹操檄文）檄文传至许都，时曹操方患头风，卧病在床。左右将此檄传进，操见之，毛骨悚然，出了一身冷汗，不觉头风顿愈，从床上一跃而起，顾谓曹洪曰："此檄何人所作？"洪曰："闻是陈琳之笔。"

——第二十二回　袁曹各起马步三军　关张共擒王刘二将

众将请曹操入城。操方欲起行，只见刀斧手拥一人至，操视之，乃陈琳也。操谓之曰："汝前为本初作檄，但罪状孤可也；何乃辱及祖父耶？"琳答曰："箭在弦上，不得不发耳。"左右劝操杀之；操怜其才，乃赦之，命为从事。

——第三十二回　夺冀州袁尚争锋　决漳河许攸献计

张绣曰："方今袁强曹弱；今毁书叱使，袁绍若至，当如之何？"诩曰："不如去从曹操。"绣曰："吾先与操有仇①，安得相容？"诩曰："从操其便有三：夫曹公奉天子明诏，征伐天下，其宜从一也；绍强盛，我以少从之，必不以我为重，操虽弱，得我必喜，其宜从二也；曹公王霸之志，必释私怨，以明德于四海，其宜从三也。愿将军无疑焉。"绣从其言，请刘晔相见。晔盛称操德，且曰："丞相若记旧怨，安肯使某来结好将军乎？"绣大喜，即同贾诩等赴许都投降。绣见操，拜于阶下。操忙扶起，执其手曰："有小过失，勿记于心。"遂封绣为扬武将军，封贾诩为执金吾使。

——第二十三回　祢正平裸衣骂贼　吉太医下毒遭刑

材料六

操与宫坐久，忽闻庄后有磨刀之声。操曰："吕伯奢非吾至亲，此去可疑，当窃听之。"二人潜步入草堂后，但闻人语曰："缚而杀之，何如？"操曰："是矣！今若不先下手，必遭擒获。"遂与宫拔剑直入，不问男女，皆杀之，一连杀死八口。搜至厨下，却见缚一猪欲杀。宫曰："孟德心多，误杀好人矣！"急出庄上马而行。行不到二里，只见伯奢驴鞍前悬酒二瓶，手携果菜而来，叫曰："贤侄与使君何故便去？"操曰："被罪之人，不敢久住。"伯奢曰："吾已分付家人宰一猪相款，贤侄、使君何憎一宿？速请转骑。"操不顾，策马便行。行不数步，忽拔剑复回，叫伯奢曰："此

---

① 宛城之战，张绣杀了大将典韦，曹操长子曹昂。

来者何人？"伯奢回头看时，操挥剑砍伯奢于驴下。宫大惊曰："适才误耳，今何为也？"操曰："伯奢到家，见杀死多人，安肯干休？若率众来追，必遭其祸矣。"宫曰："知而故杀，大不义也！"操曰："宁教我负天下人，休教天下人负我。"陈宫默然。

——第四回　废汉帝陈留践位　谋董贼孟德献刀

"曹操奸雄世所夸，曾将吕氏杀全家。如今阖户逢人杀，天理循环报不差。"当下应劭部下有逃命的军士，报与曹操。操闻之，哭倒于地。众人救起。操切齿曰："陶谦纵兵杀吾父，此仇不共戴天！吾今悉起大军，洗荡徐州，方雪吾恨！"遂留荀彧、程昱领军三万守鄄城、范县、东阿三县，其余尽杀奔徐州来。夏侯惇、于禁、典韦为先锋。操令：但得城池，将城中百姓，尽行屠戮，以雪父仇。

……且说操大军所到之处，杀戮人民，发掘坟墓。陶谦在徐州，闻曹操起军报仇，杀戮百姓，仰天恸哭曰："我获罪于天，致使徐州之民，受此大难！"

——第十回　勤王室马腾举义　报父仇曹操兴师

操恐人暗中谋害己身，常分付左右："吾梦中好杀人；凡吾睡着，汝等切勿近前。"一日，昼寝帐中，落被于地，一近侍慌取覆盖。操跃起拔剑斩之，复上床睡；半晌而起，佯惊问："何人杀吾近侍？"众以实对。操痛哭，命厚葬之。人皆以为操果梦中杀人。

——第七十二回　诸葛亮智取汉中　曹阿瞒兵退斜谷

操即差人星夜请华佗入内，令诊脉视疾。佗曰："大王头脑疼痛，因患风而起。病根在脑袋中，风涎不能出，枉服汤药，不可治疗。某有一法：先饮麻肺汤，然后用利斧砍开脑袋，取出风涎，方可除根。"操大怒曰："汝要杀孤耶！"佗曰："大王曾闻关公中毒箭，伤其右臂，某刮骨疗毒，关公略无惧色；今大王小可之疾，何多疑焉？"操曰："臂痛可刮，脑袋安可砍开？汝必与关公情熟，乘此机会，欲报仇耳！"呼左右拿下狱中，拷问其情。贾诩谏曰："似此良医，世罕其匹，未可废也。"操叱曰："此人欲乘机害我，正与吉平无异！"急令追拷。……旬日之后，华佗竟死于狱中。

——第七十八回　治风疾神医身死　传遗命奸雄数终

材料七

曹操：

①太祖以卓终必覆败，遂不就拜，逃归乡里。从数骑过故人成皋吕伯奢；伯奢不在，

<u>其子与宾客共劫太祖，</u>取马及物，太祖手刃击杀数人。

——《三国志》裴松之注引《魏书》

②太祖闻其食器声，以为图己，遂夜杀之。<u>既而凄怆【注】</u>曰："宁我负人，毋人负我。"

——东晋·孙盛《异同杂语》

【注】凄怆：凄惨、很悲伤的，

《三国演义》中这样描写——操曰："宁教我负天下人，休教天下人负我。"

③太祖运筹演谋，鞭挞宇内，揽申、商之法术，该韩、白之奇策，官方授材，各因其器，矫情任算，不念旧恶，终能总御皇机，克成洪业者，惟其明略最优也。抑可谓非常之人，超世之杰矣。

——西晋·陈寿《三国志·武帝纪》

【译文】魏太祖魏王运用谋略，用武力征讨四方，采纳申不害、商鞅的治国方法，通晓韩信、白起用兵的奇谋良策。按照每个人的不同才能授予不同的官职，发挥他们各自的特长。克制感情，讲求策略，不计私仇，最终能够总揽朝廷大权，完成建国大业，这都是因为他具有非常卓越的聪明谋略。他可以称得上是个非凡的人物，盖世的豪杰。

刘备：

①荆州豪杰归先主者日益多，表疑其心，阴御之。使拒夏侯惇、于禁于博望坡。久之，先主设伏兵，一旦自烧屯伪遁，惇等追之，为伏兵所破。

——西晋·陈寿《三国志·后主传》

【译文】归附先主的荆州豪杰之士日益增多，刘表怀疑他的用心，暗中防备着他，派他到博望去抵御夏侯惇、于禁等人。相持许久，先主暗设伏兵，突然自己烧了营寨假装逃跑，夏侯惇等人追击他们，结果被伏兵打败。

【注】《三国演义》中把"博望坡之战"的功劳强行安在了诸葛亮的头上。

②先主之弘毅宽厚，知人待士，盖有高祖之风，英雄之器焉。

——西晋·陈寿《三国志·后主传》

【译文】先主意志坚强，心地宽厚，知人善任，虚心待士，非常有汉高祖的风范。颇具英雄的度量。

材料八

据历史记载，其实"尊刘贬曹"这种思想在南宋时期才形成。在宋朝以前，唐太宗还曾自比曹操，表现自己的理想抱负，连皇帝都这样，当时肯定没贬低曹操的事。

南宋的统治阶级软弱无能，失去了长江以北的大片土地，苟安于半壁江山的现状，情况与三国时期处于西南一隅的蜀汉有些类似。南宋朝廷就尊作为汉室后裔的刘备为先主，骂"挟天子以令诸侯"的曹操为国贼。百姓总是更同情弱者的，在一千多年的流传里，尤其是在说书艺人迎合听众的喜好过程中，大家不约而同地把情感偏好给了条件较差的刘备和蜀汉集团。

附2：学生思维导图

 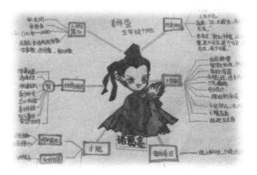

走进英子的花儿　探究命运的根源

——《城南旧事》任务群教学设计

成都棠湖外国语学校　李春花

【书籍简介】

　　《城南旧事》是中国台湾女作家林海音的自传体短篇小说集。全书以作者七岁到十三岁的生活为背景，通过英子童稚的双眼观看大人世界的喜怒哀乐、悲欢离合，展现了二十世纪二十年代北京城南一座四合院里一家人普通的生活，记录下一幅生动鲜活的老北京生活图卷。作品语言清新明丽，表达方式稚嫩真诚，满含着怀旧的基调，将自身包含的多层次的情绪色彩以一种自然的、不着痕迹的手段精细地表现出来，把童年故事写得妙趣横生。作者笔下的每一个瞬间都让人觉得亲切，深深打动着每一位读者，是一本能够给予学生深刻启迪的优秀读物。

　　学生阅读《城南旧事》，可以感受到成长的酸甜苦辣，理解成长的不易，学会面对生活中的挫折与离别，培养坚强的意志力；可以于潜移默化中学习英子的善良、感恩和独立的品质并感恩生活中的点滴，学会善待他人。书中描绘了 20 世纪 20 年代北京的社会风貌，可以让学生感受到旧社会的悲哀与无奈，同时对比现代生活，更加珍惜当下的幸福时光。运用阅读这本书"借助表格提取信息；借助图谱，讲述故事内容；关联信息，曲线呈现命运；整合信息，发现命运共性；联系背景，了解命运根源。"的方法，学会阅读近现代小说，提升学生的阅读素养。

【任务群教学设计】

一、学习主题和内容

（一）学习主题

走进英子的花儿，探究命运的根源

（二）学习内容

《城南旧事》

二、学习目标与课时安排

（一）学习目标

1. 根据阅读计划自主阅读《城南旧事》，了解每个小故事的内容，能用自己的语言讲述故事主要内容，激发阅读兴趣。

2. 能自主阅读和梳理本书的基本内容（故事、离别时间、离别主角、离别方式），并针对印象深刻的故事和人物展开交流讨论，培养学生的理解、概括能力和语言表达能力。

3. 运用浏览、选读、跳读等阅读方法提取信息，学习运用表格、情感曲线图等视觉化策略梳理人物命运，会整合信息分析书中人物的命运，了解人物命运的社会根源。

4. 了解《城南旧事》通过英子的视角描写一个时代小人物的不幸命运，从而展现了那个时代宏阔历史背景的艺术特色。

5. 用学到的阅读成长小说的方法，拓展阅读近现代小说，提升阅读能力。

（二）课时安排

7—9 课时

三、学习情境

童年是生命最美的时节，可以无忧无虑地玩乐，可以整天和小朋友嬉戏，可以有许多心爱的玩具……我们的童年充满了欢声笑语。一百年前，北京四合院里英子的童年是什么样的呢？那时人们的生活又怎样呢？让我们走进英子的童年，随着英子的视角去寻找城南的"旧时光"，去感受二十世纪二三十年代北京城南大人们的喜怒哀乐、悲欢离合。

四、学习任务与学习活动

学习任务与学习活动设计

主题情境	学习任务	学习活动	课时安排
走进英子的花儿，探究命运的根源	任务一：跟着英子进城南	1. 了解基本信息，初识书中人物。 2. 借助感人故事，点燃阅读热情。 3. 制订阅读计划，走进英子童年。	2—3
	任务二：读各色人物故事 识各类人物命运	1. 自主阅读故事，感受城南人事。 2. 绘制人物图谱，梳理人物关系。 3. 制作人物名片，交流人物特点。 4. 讲述人物故事，分享阅读感受。	2
	任务三：研人物命运共性 探时代真实图景	1. 借助图谱，讲述故事内容。 2. 借助表格，梳理人物经历。 3. 关联信息，曲线呈现命运。 4. 整合信息，发现命运共性。 5. 联系背景，了解命运根源。	1
	任务四：研读同类书籍 借伤古以惜今	1. 阅读《呼兰河传》，梳理人物故事。 2. 统整两书人物，发现时代特征。 3. 对比时代之异，珍惜当下生活。	2—3

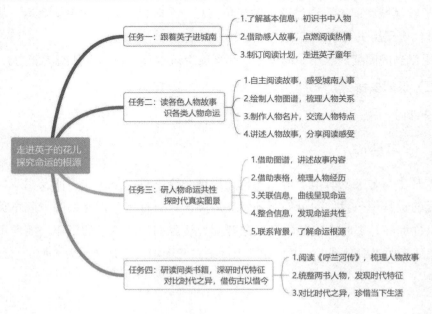

五、过程性评价与单元测评

过程性评价与单元测评设计

评价类型	内容	基本标准
过程性评价	跟着英子进城南	1. 能通过阅读，初步了解故事内容，初识书中人物。 2. 能在老师的带领下，借助书中五个感人故事，点燃阅读热情，引发阅读期待。 3. 能自主制订阅读计划，并按计划阅读整本书，从而走进英子的童年。
	读各色人物故事 识各类人物命运	1. 通过自主阅读，感受城南的人物和故事。 2. 能根据制作的人物名片图，交流故事中的人物特点。 3. 能通过绘制人物关系图谱，梳理人物关系，会讲述书中人物故事，分享自己的阅读感受。
	研人物命运共性 探时代真实图景	1. 能借助人物图谱，讲述每个故事的主要内容。 2. 会借助表格提取的信息，梳理故事中人物的经历。 3. 能关联不同人物的信息，用曲线呈现书中人物的命运。 4. 能整合信息，用图例显示人物命运，并发现人物命运的共性。 5. 会联系时代背景资料，了解人物命运的社会根源。
	研读同类书籍 借伤古以惜今	1. 通过阅读《呼兰河传》，能梳理书中主要人物故事。 2. 能统整两本书的人物命运，发现相同年代人物命运的共同点，了解时代特征。 3. 通过对比旧社会和现在人们生活的不同，懂得珍惜当下的幸福生活。
单元测评	"城南旧事" 读书推荐会	1. 回顾自己阅读的过程，能梳理总结好的阅读方法，并反思自己需要改进的地方。 2. 能在线下"读书交流会"或线上"班级读书互动平台"上与小伙伴展示、分享自己阅读《城南旧事》的读书笔记，交流自己的读书心得、读书经验等。 3. 能撰写《城南旧事》的好书推荐语，吸引更多的人阅读这本书，喜欢上这本书，从故事中汲取营养，收获成长。

六、资源与工具

（一）资源

《城南旧事》书籍、音频资源、有声图书等。

（二）工具

阅读计划、阅读闯关题、过程性评价量表、思维导图、摘录书签、阅读评价量表等。

七、设计说明

小说《城南旧事》由五个没有因果关系的小故事构成，五个故事按照时间顺序编排，均是通过英子的双眼，描写了她所见的成人世界的喜怒哀乐和悲欢离合。书中五个故事中的人物最后都离英子而去，揭示了作者告别童年的悲伤和怀念的情感。我们要引导学生深入阅读。通过"跟着英子进城南"这个任务，去了解故事基本内容，初识故事中的人和物，从而走进英子的童年。通过读各色人物故事，去绘制人物关系图谱、制作人物名片图，交流故事中的人物特点并讲述书中人物故事；通过研究人物命运共性，探究时代真实图景这个任务，引导学生能借助人物图谱，讲述每个故事的主要内容；通过借助表格提取的信息，从而梳理故事中人物的经历；通过关联不同人物的信息，能用曲线呈现书中人物的命运；通过整合信息，用图例显示人物命运，并发现人物命运的共性；通过联系时代背景资料，了解人物命运的社会根源。通过研读同类书籍，借伤古以惜今这一任务，引导学生阅读《呼兰河传》，梳理书中主要人物故事；通过统整两本书的人物命运，发现相同年代人物命运的共同点，了解时代特征；通过对比旧社会和现在人们生活的不同，懂得珍惜当下的幸福生活。

过程性评价要求学生在整本书阅读过程中，通过自评、互评等方式主动梳理、展示和分享自己在人物关系梳理、人物形象感悟、人物命运探究等方面的阅读体验和阅读收获，并及时调整和改进自己的阅读方法，提高阅读效果。单元测评要求学生用自己的方式推荐本书，引导学生回顾梳理整个学习过程，为后续的整本书阅读积累经验。

【教学设计】

图解，让阅读可视化

——《城南旧事》整书汇报交流

一、学情分析

六年级学生已经有了较浓厚的学习兴趣，养成了较好的阅读习惯，基本学会了概括一本书的梗概，也能运用浏览、选读、跳读等阅读方法提取故事信息。本次教学，选择《城南旧事》来进行阅读汇报交流课，目的是引导学生在阅读短篇小说的时候能学习运用表格、情感曲线图、人物关系图谱等视觉化的阅读策略来阅读整本书。

二、教学内容

任务三——研人物命运共性　探时代真实图景

三、教学目标

1. 回顾《城南旧事》主要内容，了解书中人物的命运经历，培养学生的概括能力。

2. 运用浏览、选读、跳读等阅读方法提取信息，学习运用表格、情感曲线图等视觉化策略梳理人物命运，会整合信息分析书中人物的命运，从而了解命运的根源。

3. 了解《城南旧事》通过英子的视角描写一个时代小人物的命运，从而展现当时时代宏阔历史背景的艺术特色。

四、教学重难点

运用浏览、选读、跳读等阅读方法提取信息，学习运用表格、情感曲线图等视觉化策略梳理人物命运，会整合信息分析书中人物的命运，了解命运的根源。

五、教学准备

教师准备：

课件、磁性小黑板、卡纸、《送别》的背景音乐。

学生准备：

1. 学生反复读《城南旧事》，并能大概讲述书中每个小故事的主要内容。

2. 准备彩色笔或者马克笔。

课前谈话：

1. 同学们，如果用一种颜色来描述你的童年，你会用什么颜色呢？为什么？

2. 今天，让我们再一次走入英子的童年，看看她的童年又可以用一种什么颜色来描述呢？

六、教学过程

导入：回顾已学任务，引入本节课内容

同学们，这段时间我们已经读了《城南旧事》这本书，在前面的阅读学习中，我们初识了书中人物，跟着英子走进了城南；在细读各色人物故事中，初步感受了各类人物的命运；这节课，让我们一起去研究人物命运共性，探索时代真实图景。

活动一：回忆本书主要内容

1. 谁来说一说这本书的故事梗概？

预设：《城南旧事》描写了 20 世纪 20 年代末北京城南一座四合院里英子一家温暖和睦的生活，透过主角英子童稚的双眼，向世人展现了大人世界的悲欢离合，用一种说不出来的天真，却道尽人世复杂的情感。

师：本书以英子的视角看当时北京形形色色的人和事，（板书：英子）你把这本书读明白了。

2. 用表格和人物关系图谱回忆这本书主要人物和主要内容。

（1）同学们课前梳理了这本书每个故事的主要人物和主要内容，这是 ×× 同学用表格梳理的，我们请他来给大家讲一讲。

故事名称	主要人物	主要内容
《惠安馆》	秀贞	秀贞因丈夫出走，失去女儿而疯，找到女儿后在寻找丈夫途中惨死。
《我们看海去》	小偷	小偷为了供弟弟上学，去偷东西被抓走坐牢。
《兰姨娘》	兰姨娘	兰姨娘被卖后被人带进北京经历不幸，后来和德先叔走了。
《驴打滚儿》	宋妈	宋妈儿子被淹死，女儿被卖，无奈之下又和丈夫回到山坳。
《爸爸的花儿落了 我也不再是小孩子了》	爸爸	爸爸生病没能参加英子的毕业典礼，等英子回家，爸爸却在医院去世了。

（2）用这个表格把书的主要内容清晰地呈现出来，咱们就把一本书读薄了。读小说时还可以用人物关系图谱来梳理人物关系。你看这是 ××× 同学画的人物关系图谱，把故事中的人物和他们之间的关系梳理得清清楚楚，居于核心位置的是主人公英子，五个小故事中的主要人物以及他们之间的关系一目了然，通过这个图谱我们也可以整体把握这本书的内容。

（3）×× 同学做成这样，×× 同学做成这样，都梳理出了人物关系，虽然他们的样式不一，但都各有特色，做得很不错。

【设计意图】以概括故事梗概唤起学生对整本书内容的回忆，用表格把每个故事的主要内容呈现出来，让大家更清楚地明白书中每一个小故事的主要内容，利用人物关系图谱梳理故事中的人物关系，便于大家对这本书中人物关系一目了然，从而也从整体上把握了这本书的内容。

活动二：聚焦兰姨娘的故事，分析人物命运

1. 在这些人物中，给你印象最深刻的是谁？

2.《兰姨娘》这个故事在书的 97—120 页。请同学们快速浏览这个故事，把写兰姨娘的语段用★标注出来。

预设：P102 页第一自然段……，P103 页第 2 自然段……，P103 页第 3 自然段……，P105 页……

3. 在这个故事中，兰姨娘的命运是怎样的呢？请同学们去选择刚才用★标注的地方再读一读。看看哪些语段在写兰姨娘一生命运的转折？

预设："兰姨娘叹了口气：我十四岁从苏州被人带进北京，十六岁那什么……"这部分内容（P105 截图）。

（1）提取信息，表格梳理命运。

这部分内容在书的这一页（PPT 出示），你们找到了吗？请同学们从书的这一部分内容中提取信息，并提炼出反映兰姨娘命运的节点，填写这个表格，梳理出兰姨娘的命运经历。

年龄	3 岁	14 岁	16 岁	20 岁	25 岁
经历	被卖	被人带进北京	青楼接客	嫁给施大	跟德先叔走了

小结：你看，我们利用表格把抽象的文字形象地展示出来了，让兰姨娘一生的命运清楚明了地呈现在我们眼前。其实，我们还可以通过时间轴来表示人物的命运。请看，这是一条时间轴，我们可以按照顺序把人物的命运节点摆上去。

| 3 岁 | 14 岁 | 16 岁 | 20 岁 | 25 岁 |

（被卖）　（被人带进北京）　（青楼接客）　（嫁给施大）　（跟德先叔走了）

师：这样，随着时间的推移，人物的命运也清晰地呈现出来了。

小结：同学们请看，刚才我们研究兰姨娘命运时，是提取了与兰姨娘命运有关的信息并提炼出她命运的节点，然后用表格梳理了人物的命运。这是我们研究兰姨娘命运的第一步：PPT 出示：提取信息——表格梳理命运（贴板书：提取——表格）。

【设计意图】兰姨娘一生的命运几经波折，通过提取文字信息，然后利用表格把她每一个命运节点梳理出来，兰姨娘的命运就清楚地呈现在我们眼前。

（2）关联信息，曲线呈现命运。

师：随着命运的不断变化，兰姨娘的内心情感也是波澜起伏的。谁来摆一摆兰姨娘随着命运的波折内心情感的起伏？这条时间轴就代表她命运的分水岭。

师：你为什么要这样摆？

师：老师把这几个命运节点连起来，你看，就成了一条曲线。这条曲线展现了兰姨娘随着命运起伏内心情感的变化，仿佛我们也能走进她的心里和她一起伤心，一起难过，一起欢喜。我们把这条曲线图称为人物的情感曲线图。

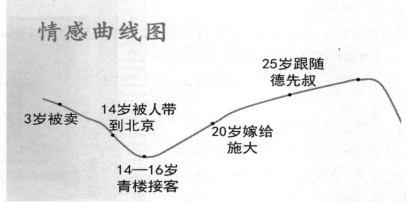

情感曲线图

小结：我们关联了兰姨娘的命运节点，就明白了她内心情感的变化，并用这样的曲线呈现了出来。这是我们研究兰姨娘命运的第二步：关联信息——曲线呈现命运（贴板书：关联——曲线）

【设计意图】兰姨娘 3 岁被卖了，内心比较难过，然后又被人带到北京，她内心更加悲伤，后来为了生计在青楼接客时，她简直悲痛欲绝，嫁给施大，稍稍有些安慰，她内心会好一点，最后跟德先叔走了，觉得自己找到了心爱的人，命运发生了改变，心情也好了。针对兰姨娘内心情感的变化，我们用一条情感曲线图就把她这一生的内心情感呈现出来，从而为学生理解兰姨娘的命运做了铺垫。

（3）整合信息，图例显示命运。

师：兰姨娘和德先叔走了，你觉得兰姨娘最终的命运会怎样？

生1：好一些……为什么？

预设：因为P98爸说"他在北京大学读书，是一个了不起的新青年。"说明德先叔是一个知识分子，所以可能过得比现在好。

生2：也不太好，因为……

预设：在P118写道：他打算去天津看看，再坐船到上海去……说明他们前途未卜、四海为家、居无定所，与德先叔过着漂泊不定的生活。

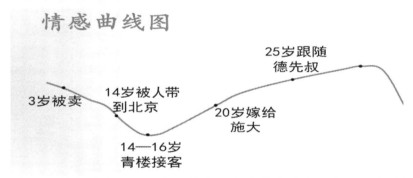

【设计意图】整合德先叔的信息，就会明白兰姨娘最终的命运，然后把兰姨娘最终的命运用曲线画出来，就知道了兰姨娘最终命运的走向是向下的，说明她最终命运是不好的。

师：你看，我们整合了与兰姨娘有关的人物信息，知道了兰姨娘最终的命运漂泊无定。（贴板书：漂泊）我们用这条线的走向来表示她前途未卜、居无定所的命运。（完成黑板曲线图向下）这是我们研究兰姨娘命运的第三步：整合信息——图例显示命运（贴板书：整合——图示）

小结：同学们，我们来回顾一下，刚才咱们是怎样研究兰姨娘的命运的？

首先，提取与兰姨娘相关的信息，提炼出反映她命运的节点，用表格梳理出人物的命运；然后，关联故事中兰姨娘的命运节点，画出情感曲线图；最后，整合与兰姨娘有关的信息，分析她最终的命运，并且用她情感曲线的走向表示出来。

师：我们用人物关系图谱、曲线图、时间轴等图或表格来研究了人物的命运，就能够让我们的研究更深入，并且清晰地呈现出我们的研究成果，经过图解，就可以让

我们的阅读可视化。（板书：图解，让阅读可视化）

【设计意图】梳理总结研究兰姨娘这个人物命运的方法，从而给学生做了很好的示范，学生明白了可以用人物关系图谱、曲线图、时间轴等图或表格来研究人物的命运。以后在阅读其他课外书的时候，他们也可以把这种方法运用上，以指导自己如何阅读同一类书籍。

下面请同学们按照这样的方法以小组为单位，一起研究《我们看海去》这个故事中小偷的命运。大家合作完成。

活动三：小组合作研究《我们看海去》这个故事中小偷的命运。

小组合作提示：

1. 提取信息，梳理命运节点。

2. 关联命运节点，画情感曲线图。

3. 整合信息，分析人物最终的命运。

> **学习提示：**
>
> **1. 提取信息，梳理命运节点。**
>
> **2. 关联命运节点，画情感曲线图。**

预设：小偷：照顾弟弟——偷窃——交朋友——被逮捕——坐牢

小组同学先提取信息找命运节点写在卡片上，再摆出故事中人物情感曲线图并画出来。生合作摆好后上台展示。（抽一组）学生讲时围绕什么时候命运怎样？情感怎样？命运怎样？情感怎样？

师：你们组非常能干，不仅把小偷随着命运变化内心情感的不同展示出来了，还把具体的做法都给我们讲得清清楚楚。掌声送给他们！

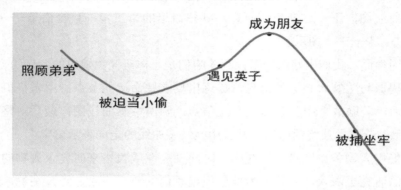

小结：整合小偷的命运信息，整合当时的时代背景，小偷最终的命运是什么？——坐牢（板书：坐牢）

【设计意图】小组合作，举一反三，让刚才研究兰姨娘命运的策略在这个环节得到很好的实践，学生习得了方法，从而研究出了小偷最终的命运。

活动四： 自主研究其他故事中人物的命运

1. 刚才同学们运用提取信息——表格梳理命运；关联信息——曲线呈现命运；整合信息——用图例显示命运的方法研究了兰姨娘和小偷的命运，那在《惠安馆》中秀贞的命运怎样？《驴打滚儿》中宋妈的命运如何？《爸爸的花儿落了，我也不再是小孩子了》中爸爸的命运又是怎样的？请同学们根据刚才的学习方法自己选择一个人物来研究他（她）的命运。

2. 生上台展示，讲人物随命运变化内心情感的不同。教师和学生分析人物最终命运并贴板书。（如：秀贞——惨死，宋妈——苦不堪言，爸爸——去世。）

小结：在刚才同学们的汇报中，你们看，这几条曲线最后的走向都是——向下，说明这几个人物最后的命运都走向了——低谷。请看（指板书）兰姨娘最终的命运漂泊无定，小偷最后的命运是坐牢了，秀贞惨死车轮之下，宋妈最后回到了山坳，继续过着苦不堪言的生活，爸爸最后去世了。整合这所有人物命运的信息我们得知书中人物的命运都是那么不幸！

活动五： 关联时代背景，了解命运根源

1. 为什么所有人物的命运都那么不幸呢？你能结合当时的时代背景来说一说吗？
生汇报

师：老师也搜集了当时的时代背景，请看，因为当时中国属于北洋政府统治时期，也处于半殖民地半封建社会，广大人民群众陷于苦难的深渊。人民过着贫苦的生活，没有饭吃，没有钱用，饥饿笼罩着整个中华大地。有的大人还卖自己的孩子来维持生计。那时的北京城也是一片荒凉。书中的人物只是广大劳苦大众的缩影，像他们这样受苦受难的劳苦人民比比皆是。这一切无不深刻揭露了那个时代的黑暗啊！

师：因此这本书也是借小人物的命运向我们展示了那个时代的背景！所以整合时代背景的信息能帮助我们深刻理解书中所有人物命运悲剧的根源。

2. 书中虽然写了人物不幸的命运，但我们读这本书的时候感觉并不是那么凄惨，还浸润着一股人间的温情。这是为什么呢？（预设：因为这本书是英子写的）

师：因为这本书是以英子的视角在写，这个视角是以质朴、单纯、善良的心看待

大人们的悲欢离合。

3. 看，英子的童年里有可怜痴情的秀贞；有为弟弟甘愿付出的小偷；有敢于追求自由的兰姨娘；有心地善良的宋妈；有正直善良、关心女儿的爸爸。

4. 随着英子的长大，（《送别》音乐起）秀贞离她而去了，小偷离她而去了，兰姨娘离她而去了，宋妈离她而去了，最后爸爸也离她而去了。（去掉花朵的板书，只留英子）爸爸的花儿落了，英子的童年也离她远去了，英子也不再是小孩子了。（贴板书：不再是小孩子了）

5. 同学们，此时你想用什么颜色来形容英子的童年呢？课后你可以静下心来想一想，把你的想法或感受写下来！

【设计意图】通过研究故事中其他人物的命运，从而了解了一个时代的历史背景。了解了《城南旧事》这本书是通过英子的视角描写一个时代小人物的不幸命运，从而展现了那个时代宏阔历史背景的艺术特色。

活动六：推荐课外书

大家课后还可以读读《从百草园到三味书屋》《呼兰河传》这两本书，去看看鲁迅的童年和萧红的童年又是怎样的。

【设计意图】激发学生继续阅读小说的兴趣。鼓励学生在阅读中进行深度思考。

七、板书设计

图解，让阅读可视化

——《城南旧事》整书汇报交流

```
        秀贞
        惨死
爸爸            小偷
去世    英子    坐牢
    宋妈    兰姨娘
    苦难    漂泊
```

提取	表格
关联	曲线
整合	图示

英子：不再是小孩子了

（建议年级：小学六年级）

探访各式奇异星球　驯养一朵我的"玫瑰"

——《小王子》任务群教学设计

成都棠湖外国语学校　谭毅

【书籍简介】

　　《小王子》是法国作家圣埃克絮佩里于 1942 年写成的著名儿童文学短篇小说。本书的主人公是来自外星球的小王子。书中以一位飞行员作为故事叙述者，讲述了小王子从自己星球出发前往地球的过程中，所经历的各种事情。作者以小王子孩子式的眼光，透视出成人的空虚、盲目、愚妄和死板教条，用浅显天真的语言写出了人类的孤独寂寞和没有根基随风流浪的命运。同时，作者也表达出对金钱关系的批判，对真善美的讴歌。

　　《小王子》这本书对于小学生来说，是一次心灵的洗礼与成长的启航。它用简单而深刻的寓言童话故事，引导学生思考爱与责任、纯真与成长的意义，培养学生的同理心与批判性思维能力。通过阅读，学生不仅能享受阅读的乐趣，还能在小王子的星际之旅中学会珍惜身边的一切，理解成人世界的复杂，同时保持内心的纯真与善良，促进个人情感与价值观的全面成长。

【任务群教学设计】

一、学习主题和内容

（一）学习主题

探访各式奇异星球　驯养一朵我的"玫瑰"

（二）学习内容

《小王子》

二、学习目标与课时安排

（一）学习目标

1. 学生通过生动的故事介绍和精美的插图展示，激发对《小王子》的好奇心和阅读欲望，学会运用预测、提问等基本阅读方法，从而自主地阅读并深入理解《小王子》。

2. 通过小组讨论和主题探究，理解《小王子》中角色的象征意义，培养批判性思维和文学鉴赏能力。结合自身经历分享感悟，促进情感共鸣和价值观的提升。

3. 通过创作思维导图、旅行路线图，梳理故事情节，强化记忆，培养创造力与逻辑思维能力。

4. 通过角色扮演、演绎情节的方式深入体会小王子、玫瑰、狐狸等主要角色的内心世界，增强对人物情感的细腻感知能力。

5. 运用"关注语言，体会形象；关联生活，发现谬处；反观自身，明白寓意"的方法读懂童话寓言的寓意。

6. 通过情感朗读，学生得以更深入地体验文字背后的情感力量，读懂文中富有哲理的句子。

（二）课时安排

4—5 课时

三、学习情境

在一个遥远而神秘的宇宙中，隐藏着一颗不为人知的 B-612 号小行星，这颗星球上住着一位不同寻常的小王子。他拥有一头金黄色的头发，眼睛里闪烁着对世界无尽的好奇与纯真。不同于我们熟悉的星球，B-612 号小行星上只有一朵被小王子精心照料的玫瑰。这朵玫瑰自以为是宇宙间独一无二的存在，却不知小王子即将踏上一场改变他一生的星际旅行。

想象一下，如果你就是那位即将踏上星际旅程的小王子，你会遇到哪些奇妙的星球？又会与哪些特别的生命结下不解之缘呢？而那朵被你留在 B-612 号小行星上的玫瑰，是否真的如她所言，是宇宙间独一无二的存在？

《小王子》这本书，就像是一场穿越星际的心灵冒险，等待着每一位勇敢的探索者去揭开它的神秘面纱。让我们跟随小王子的脚步，一起踏上这场关于爱、成长与自我发现的奇妙旅程吧！

四、学习任务与学习活动

学习任务与学习活动设计

主题情境	学习任务	学习活动	课时安排
探访各式奇异星球 驯养一朵我的"玫瑰"	任务一：心灵启航，初遇"小王子"	1. 封面遐想，初识"王子"形象。 2. 章节掠影，感悟"王子"心绪。 3. 精彩预告，激发阅读期待。	1
	任务二：星际漫步，追随"王子"视角	1. 跟随王子步伐，探访奇异星球。 2. 图文标示星球，感受怪异角色。 3. 讲述奇异星球，竞评最奇人物。 4. 交流心灵存疑，蓄积探秘激情。	2
	任务三：解密星球，读懂"王子"心语	1. 绘制王子足迹，简述探访故事。 2. 聚焦国王角色，读解国王命令。 3. 品析酒鬼话语，透析酒鬼悔意。 4. 运用方法研读，解秘星球之奇。 5. 思悟对话狐狸，驯养我的玫瑰。	1

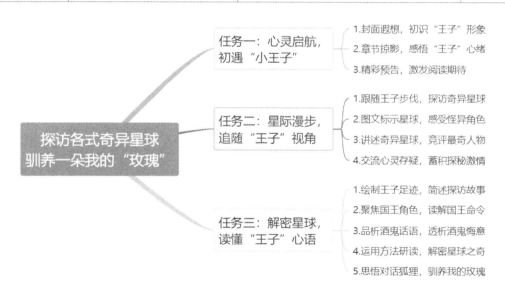

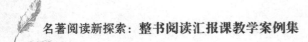

五、过程性评价与单元测评

过程性评价与单元测评设计

评价类型	内容	基本标准
过程性评价	任务一：心灵启航，初遇"小王子"	1. 观察封面细节，发挥想象，讨论封面元素，能够通过封面信息初步构想故事内容。 2. 快速浏览各章节标题，初步了解小王子在不同星球的经历。 3. 选取书中具有代表性的角色对话进行角色扮演或朗读，有继续阅读、自主阅读的兴趣。
	任务二：星际漫步，追随"王子"视角	1. 能够通过绘制星球旅行图，清晰展现小王子访问的星球顺序及每个星球。 2. 通过角色扮演，模拟小王子与不同星球居民的对话场景，深入体会角色内心世界。 3. 能讲述小王子奇特的经历，评选出自己觉得最"奇"的人物形象。
	任务三：解密星球，读懂"王子"心语	1. 能够通过小王子旅行路线图，回顾整个故事情节，梳理出内容脉络。 2. 通过角色扮演深入理解国王的性格特点和行为动机。 3. 通过小组合作，分析酒鬼角色的深层含义，明白表达的寓意。 4. 能够结合个人经历或观察到的社会现象，分享《小王子》中某个角色或情节对自己成长的启示。
单元测评	探寻心灵之旅 感悟成长真谛	1. 选择并阅读至少两本与《小王子》风格相似或主题相关的文学作品。选择一本撰写书评并推荐给他人。 2. 能够用上"关注语言，体会形象；关联生活，发现谬处；反观自身，明白寓意"的方法读懂其他童话寓言。

六、资源与工具

（一）资源

《小王子》书籍。

（二）工具

阅读计划、阅读闯关题、小王子游历思维导图、阅读评价量表等。

七、设计说明

《小王子》整本书阅读任务群旨在引领学生踏上一场心灵与智慧的探险之旅。通过五个精心设计的课时，逐步引导学生从"导读课：心灵启航，初遇'小王子'"中激发阅读兴趣，初探小王子的奇妙世界；到"推进课：星际漫步，追随'王子'视角"，学生将深入每个星球，分析角色行为背后的深意，领悟成长中的选择与责任；再到"汇报课：解密星球，读懂'王子'心语"，学生分享个人感悟，促进情感共鸣与思维碰撞；最后，"拓展阅读课：文学遨游，续航成长"则鼓励学生拓宽阅读视野，将《小王子》中的哲理应用于更广泛的文学作品与生活实践中，实现阅读能力的全面提升与自我成长的持续续航。整个过程强调用心阅读，深入思考，让学生在经典文学的滋养下，成长为更加成熟、有爱的个体。

【教学设计】

心灵共鸣，感悟成长

——《小王子》整书汇报交流

一、学情分析

小学高段学生已经具有较浓厚的学习兴趣，养成了较好的阅读习惯，基本学会了概括一本书的梗概，也能运用浏览、选读、跳读等阅读方法提取故事信息。但是《小王子》这部作品的魅力，在于其丰富的内涵和广泛的象征意义，在于其象征意义的或明或暗。对于小学生来说，理解分析能力有限，并不能很好地理解《小王子》这本书的写作手法及其象征意义。因此，在阅读这本书的时候，教师的指导显得格外重要！

二、教学内容

任务三——解密星球，读懂"王子"心语

三、教学目标

1. 概括《小王子》主要内容，理清小王子游历顺序。
2. 理解"只有用心才能看得清，实质性的东西，用眼睛是看不见的。"这句话的意思。

3. 运用"关注语言，体会形象；关联生活，发现谬处；反观自身，明白寓意"的方法读懂童话寓言的寓意。

四、教学重难点

1. 理解"只有用心才能看得清。实质性的东西，用眼睛是看不见的。"这句话的意思。

2. 运用"关注语言，体会形象；关联生活，发现谬处；反观自身，明白寓意"的方法读懂童话寓言的寓意。

五、教学准备

老师准备：

课件。

学生准备：

通读《小王子》三遍，绘制小王子游历顺序图。

六、教学过程

导入：回顾已学任务，引入本课内容

同学们，最近一段时间我们共读了《小王子》一书。在前面的学习中，我们跟随小王子的步伐，一起去探访了许多奇异的星球，认识了一些怪异的角色。这节课，我们走进任务三：解密星球，读懂"王子"心语。

活动一：绘制王子足迹，简述探访故事

1. 谁来给大家简述一下这个故事呢？学生汇报本书的梗概。

2. 小王子从他的星球出发，去了哪些星球游历？

学生汇报：325、326、327、328、329、330。

3. 他在这六个星球上分别遇到了谁？

学生汇报，点击出示游览顺序图。（国王、爱虚荣的人、酒鬼、商人、点灯人、地理学家、蛇、狐狸、扳道工、卖药的小贩和"我"）

4. 借助路线图，请一名学生再次介绍小王子游历的情况。

5.《小王子》这本书是一篇童话寓言。童话主要通过丰富的想象、幻想和夸张来塑造形象，而寓言的特点是什么呢？（故事＋道理）

6. 这节课我们要用头脑思考，要用心阅读，读懂这篇童话寓言背后的寓意。

【设计意图】通过回顾情节，引导学生梳理内容脉络，增强记忆理解。通过互动问答与图示展示，学生得以清晰掌握小王子的旅行经历与所遇人物。

活动二：聚焦国王角色，读解国王"命令"

1. 读了这本书，大家会发现，作者在刻画人物形象方面用得最多的描写是——语言描写。小王子离开自己的星球遇到的第一个人是——国王。

2. 请同学们浏览第十章，找出国王的话。

3. 国王的话有什么特点吗？

说得最多的一句话（一个词）是什么？（命令）

4. 老师把国王的命令出示在屏幕上了，大家读到这些语言后，你仿佛看到了一位什么样的国王形象？（高高在上、无上权威、发号施令）

5. 我们从人物的语言就能概括出所表现的人物形象。（板书：关注语言，体会形象）发现这是一个迷恋权力，渴望支配别人，并通过支配别人来肯定自己的国王。

6. 联系我们的生活，有和国王一模一样的人吗？（没有）所以作者塑造的是一个非常极端的权威形象，生活中并不能找到和他一模一样的人，这就出现了一种荒谬的效果。（板书：联系生活，发现荒谬）

7. 生活中没有跟国王一模一样的人，但是你的生活中有没有谁或者你自己曾经有时候就是这么一位国王，一味地想要别人服从你的命令，你就喜欢发号施令。结合具体的事例来谈一谈。

8. 生活中有人有时就是这样子的，那这个故事告诉我们的道理是什么呢？学生汇报，不要沉迷于权力和控制，否则可能会失去更多宝贵的东西。（板书：反观自身，明白寓意）

9. 总结方法：关注语言，体会形象；联系生活，发现荒谬；反观自身，明白寓意。

【设计意图】通过集体探讨国王角色，引导学生深入文本，分析国王语言特点，理解其极端权威形象及背后的荒谬性。同时，鼓励学生联系生活，反思自身是否存在类似行为，旨在促进学生批判性思维发展，深刻领悟寓言故事的现实意义，学会自我反省与成长。

活动三：品析酒鬼话语，透析酒鬼"悔意"

1. 现在我们就带着这些方法和步骤在小组内合作学习"酒鬼"这一章。（时间5分钟）

2. 小组汇报。

预设：

①读"酒鬼"的话，整理成一句话："我喝酒是为了忘却我喝酒的羞愧。"

②沉湎于悔恨当中，却没有改变的实际行动，他的行动就是喝酒。

他知道自己为什么羞愧吗？（喝酒）他知道这是不应该的，是错误的。但是他又采取了让他羞愧的方法想忘却羞愧。

酒鬼→意识到自己的问题，却选择了逃避而非去面对、去改正。

没有实际行动（有想法没行动），明白错误但是不改正，在错误中无限循环。

③联系生活实际，有没有一个和酒鬼绝对相同的人呢？（没有）

④但是我们又分明从很多人的身上发现了酒鬼的影子，那些明白了自己的问题或错误，却没有付出实际行动去改变的人，你发现了吗？（学生汇报）

3. 所以这个小故事想要告诉我们什么道理呢？

发现错误要及时付诸行动去改正。

【设计意图】通过小组合作，深入分析酒鬼角色，理解其逃避行为的深意，联系生活反思自身，引导学生认识错误并付诸行动改正，领悟成长的重要性。

活动四：运用方法解读，解密星球之"奇"

1. 刚才，我们依然采用了"关注语言，体会形象；关联生活，发现荒谬；反观自身，明白寓意"的方法与步骤理解了酒鬼这个人物形象以及作者想要告诉我们的道理。大家掌握这样的方法了吗？

2. 接下来就让我们带着这样的方法与步骤选择一个人物进行学习。（虚荣的人、商人、点灯人、地理学家）

3. 学生汇报。

爱慕虚荣者→妄求虚荣，渴望别人奉承自己，并通过要求别人赞美自己来肯定自己。

商人→追逐金钱，渴望占有，并通过占有来肯定自己。

点灯人→忠于自己的工作，却只是机械盲目地执行命令（唯一不可笑，没有只自己顾自己。）

地理学家→忠于自己的工作，却只是教条死板地搜集信息。

4. 小结：小王子在游历过程中遇到的六个星球的人物：国王、爱虚荣的人、酒鬼、商人、点灯人、地理学家，这些人构成了书中的成人世界，他们身上的缺点，也是很多人身上的陋习。作者通过这样的故事讽刺了成人世界里迷失的人们。

刚才我们用这样的方法，读懂了童话寓言背后的寓意，因为这节课，我们是用心来看的，所以我们看到了每个故事实质性的东西。读："只有用心才能看得清。实质性的东西，用眼睛是看不见的。"

【设计意图】通过个人迁移，运用所学方法分析其他角色，促进学生自我反思，领悟《小王子》中成人世界的讽刺与成长启示，强调用心阅读的重要性，发现故事深层价值。

活动五：思悟对话狐狸，驯养我的玫瑰

1. 同学们，这句话是谁说的呢？（狐狸对小王子说的）狐狸给小王子带来了深刻的感悟。接下来我们用上刚才学过的方法去与狐狸对话。狐狸对小王子说的哪句话让你印象深刻呢？

2. 学生汇报。"驯养：意思是'建立关系'"。

阅读第 21 章，思考：从小王子与狐狸互相驯养的过程中总结出驯养是建立起一种怎样的关系？

学生根据文本内容汇报，老师根据学生回答板书：互相依赖，互相信任，互相负责，互相关怀……

3. 学生汇报。

预设："你永远要对你驯养的东西负责。你要对你的玫瑰负责。"小王子是怎么理解这句话的呢？

小王子明白了他对他的玫瑰是有责任的，因为他驯养了玫瑰。

4. 在我们的生活中，还有哪些东西是我们需要负责的呢？

预设 1：我认为我们要对自己的家人负责，关心他们、爱护他们。

预设 2：我觉得我们要对自己的学习负责，努力学习，取得好成绩。

5. 通过对狐狸和小王子对话的思考，我们明白了驯养的意义和责任。希望大家在今后的生活中，也能珍惜那些被我们驯养的人和事物，勇敢地承担起自己的责任。

【设计意图】通过《小王子》中狐狸与小王子的对话，引导学生理解"驯养"意味着建立深厚的情感联系与责任。鼓励学生反思自身，认识到在人际关系中应承担的责任，并珍惜所拥有的一切，培养责任感和感恩之心。

活动六：总结归纳方法，深化寓意理解

同学们，《小王子》这本书是伟大的，它是 20 世纪流传最广的童话，至今全球发行量已达五亿册，被誉为阅读率仅次于《圣经》的最佳书籍；还被译成 100 多种语言；电影、唱片，甚至在纸币上都可以看到这本书的影子；它是一本献给孩子们以及做过孩子的大人们的名著。

这本书之所以那么优秀，是因为书中所有的场景、所有的人物都有其背后的寓意。所以，课后我们可以按照这节课学习的阅读方法继续去分析与探究小王子、狐狸、玫瑰……的寓意。只要大家用心去阅读，用心去发现，就一定能看到事物的本质。

　　【设计意图】总结《小王子》的广泛影响与深刻寓意，鼓励学生运用所学方法继续探索书中角色寓意，培养深度阅读与自我发现能力，洞察事物本质。

七、板书设计

心灵共鸣，感悟成长

——《小王子》整书汇报交流

关注语言，体会形象
关联生活，发现谬处
反观自身，明白寓意

（建议年级：小学六年级）

时间·生命

——《毛毛》任务群教学设计

成都棠湖外国语学校　李多多

【书籍简介】

　　《毛毛》是德国著名儿童文学家米切尔·恩德所著的一本童话寓言。这本书与《格林童话》齐名，荣获德国青少年图书奖等 12 项国际国内大奖，堪称经典。这本书故事情节有趣紧张，充满奇特的想象，同时蕴含着关于时间和生命的哲学思考，富有深刻的寓意。作者呼吁要唤醒我们自己心中的"毛毛"，把色彩还给生活，将生命赋予时间。这对于如今普遍"内卷"的浮躁社会中的孩子和父母来说具有警醒式的重要意义。

　　学生阅读《毛毛》可以在有趣的故事情节中思考时间和生命的意义。懂得时间不是盲目的节省，也不是肆意的浪费，应该用心去感受时间，利用好时间去做有意义的事情。这本童话寓言不仅能够拓宽学生的阅读视野，还能提高学生的阅读理解能力和思想觉悟。

【任务群教学设计】

一、学习主题和内容

（一）学习主题

探寻时间的秘密

（二）学习内容

《毛毛》

二、学习目标与课时安排

（一）学习目标

1. 根据阅读计划自主阅读《毛毛》，了解故事内容；对阅读本书产生兴趣。

2. 借助情节曲线，梳理故事的主要内容；根据自己印象深刻的情节，感悟人物的形象。

3. 用多种形式展示、分享自己的阅读经历和体会；运用对比阅读、关联阅读等方法读懂故事的寓意。

4. 用学到的阅读童话寓言的方法，拓展阅读其他童话寓言。

（二）课时安排

9 课时

三、学习情境

同学们，一听到"偷"这个字，大家马上会想到这是一个不好的行为，但是在现实生活中，确实存在偷东西的行为，你觉得他们会偷什么呢？没错，我们的钱财，贵重物品，隐私秘密……重要的东西可能都会被偷。那么时间会被偷吗？谁又会来偷时间呢？今天，就让我们走进《毛毛》这本书去一探究竟吧！

四、学习任务与学习活动

学习任务与学习活动设计

主题情境	学习任务	学习活动	课时安排
探寻时间的秘密	任务一：毛毛故事我来读	1. 制订阅读计划，开启阅读之旅。 2. 记录阅读进度，交流阅读感受。 3. 完成阅读闯关，评选阅读能手。	3
	任务二：时间飞贼我来"捉"	1. 绘制情节曲线，梳理"捉贼"故事。 2. 阅读精彩情节，体验"捉贼"惊险。 3. 质疑时间被窃，引发探秘激情。	3
	任务三：时间秘密我来寻	1. 借助故事情节，感悟《毛毛》特点。 2. 追踪朋友生活踪迹，发现时间被窃后果。 3. 交流人物形象档案，探寻时间被窃之因。 4. 关联生活体会时间，学做时间主人。	1

主题情境	学习任务	学习活动	课时安排
探寻时间的秘密	任务四：开启"防贼"之旅	1. 调查生活时间，寻觅"飞贼踪迹"。 2. 规划自我时间，警惕飞贼入侵。 3. 制作智慧书签，传递生活真谛。	2

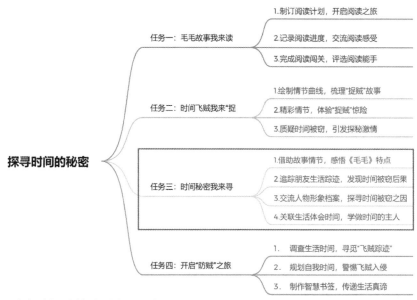

五、过程性评价与单元测评

过程性评价与单元测评设计

评价类型	内容	基本标准
过程性评价	毛毛故事我来读	1. 能在老师的带领下制订一份完整的阅读计划。 2. 能按计划阅读完整本书，了解书中人物的人物关系，初步感受故事的奇妙想象。 3. 能完成不同章节的"阅读任务卡"，并进行自我检测。 4. 能完成在线阅读测评，并达到90分。
	时间飞贼我来"捉"	1. 能根据故事的情节发展，借助情节曲线，梳理"捉贼"故事。 2. 能在小组中分享交流自己印象深刻的情节和阅读感受。 3. 能在梳理情节过程中提出疑问，并思考答案。

续表

评价类型	内容	基本标准
过程性评价	时间秘密我来寻	1. 通过回顾学过的故事类型，知道《毛毛》是一本童话寓言，增强学生的文体意识。 2. 通过运用对比阅读的方法读懂故事情节和人物形象，体会时间的意义。 3. 通过关联生活的阅读方法内化寓意，知道如何正确对待自己的时间，培养珍惜时间的好习惯。
	开启"防贼"之旅	1. 能完成时间调查表，记录自己"被窃"的时间，反思时间"被窃"的原因。 2. 能通过反思调整并完成自己新的时间规划表。 3. 摘录时间谏言，制作精美书签。
总结性评价	畅游童话寓言感悟生命	1. 回顾自己的阅读过程，能梳理总结好的阅读方法，并反思自己需要改进的地方。 2. 能在线下"读书交流会"或线上"班级读书互动平台"上与小伙伴展示、分享自己阅读的读书日记，交流自己的读书心得、读书经验等。 3. 能运用本堂课的阅读方法读懂《小王子》《一片叶子落下来》等童话寓言系列书籍，在童话寓言中汲取营养，收获成长。

六、资源与工具

（一）资源

《毛毛》书籍、音频资源、有声图书等。

（二）工具

阅读计划、阅读闯关题、过程性评价量表、情节思维导图、摘录书签、阅读日记、人物档案表，时间花图。

七、设计说明

《毛毛》整书阅读任务群旨在引导学生有计划地阅读并深入阅读。通过导读激发阅读期待，指导学生制订阅读计划，规划阅读时间，自主阅读；通过四个学习任务引导学生逐步深入阅读，展示阅读收获，感受人物鲜明的形象和作者丰富的想象，借童话中的人物关联现实社会，关联自身实际，领悟时间的真理。通过制作时间花，引导学生把时间的道理运用在生活实际中，体会童话寓言的魅力，实现学生精神的成长。

过程性评价要求学生在整本书的阅读过程中，通过自评、互评等方式主动梳理、展示和分享自己在童话内容把握、人物形象感悟、童话哲理感悟等方面的阅读体验和阅读收获，并及时调整和改进自己的阅读方法，提高阅读效果。单元测评要求学生用自己的方式分享读书心得，回顾梳理整个学习过程，为后续的整本书阅读积累经验。

【教学设计】

时间·生命

——《毛毛》整书阅读汇报交流

一、学情分析

六年级的学生已经初步掌握默读、浏览、略读等多种阅读方法，并且有了一定的阅读经验，掌握了一些基本的读寓言的方法，这些能力都为阅读这本书奠定了一定的基础。同时这个学段的学生在思维发展上已经具备了一定的逻辑思辨能力，因此可以对故事的寓意进行一定深度的探究。但是由于这本书的道理非常隐晦，挖掘故事中的寓意还需要为学生搭建支架，让学生知道思考的方向。六年级的学生对于文章中的情感和作者意图也只能大体体会，还做不到完全准确把握。本堂课将引导学生从故事和人物两方面，运用对照阅读的策略，通过对照人物前后经历和不同的形象以及对照结局读出寓意，通过运用联结策略，关联现实生活，内化寓意。

二、教学内容

任务三——时间秘密我来寻

三、教学目标

1. 通过回顾学过的故事类型，知道《毛毛》是一本童话寓言，增强学生的文体意识。
2. 通过运用对比阅读的方法读懂故事情节和人物形象，体会时间的意义。
3. 通过关联生活的阅读方法内化寓意，知道如何正确对待自己的时间，培养珍惜时间的好习惯。

四、教学重难点

运用对比阅读的方法读懂故事情节和人物形象，体会时间的意义。关联生活的阅读方法内化寓意，知道如何正确对待自己的时间，培养珍惜时间的好习惯。

五、教学准备

教师准备：

课件、板书贴、课堂题单。

学生准备：

1. 学生反复阅读《毛毛》，知道故事梗概。梳理故事情节，绘制书籍的情节曲线图。

2. 熟悉故事中出现的人物，绘制"毛毛朋友圈档案"和"毛毛形象"思维导图。

六、教学过程

导入：回顾以往活动，走进童话寓言

师：同学们，这段时间我们一起畅游在《毛毛》这本书里，开展了多姿多彩的阅读活动。通过制订阅读计划，完成了任务一：毛毛故事我来读（指PPT）；绘制了毛毛的人生履历图和人物形象思维导图，完成了任务二：毛毛人生我来讲（指PPT）；还走进了毛毛的朋友圈，完成了任务三：朋友档案我来建。今天，我们将走进任务四，继续深入故事的内涵，去探寻时间的秘密。（板书　时间）

【设计意图】回顾整个任务群的阅读经历，激活学生们头脑中储存的信息，帮助学生们建立新旧知识的联结。并明确本堂课的目标，让学生们的学习更有目标感。

活动一：借助故事情节，感悟《毛毛》特点

1. 明确本书主题

分享交流毛毛的朋友圈毛毛的"人生履历"，思考故事的主题。

预设：时间的故事。（贴板书：时间图）

2. 知文体，明方法

（1）思考：《毛毛》这个故事是什么类型的故事？说说理由。

预设：童话寓言

（2）回忆以前读寓言的方法。

预设：从故事情节人物形象读懂寓言（相机板贴）

【设计意图】《义务教育语文课程标准（2022年版）》中指出，在设计整本书教学时，应创设自由阅读、快乐分享的氛围，及时组织交流与分享。此环节让学生们在交流信息，思维碰撞中激活头脑中的知识储备，并为下一环节作铺垫，引导学生发现整本书的主题思想。

活动二：追踪朋友生活踪迹，发现时间被窃后果

灰先生是怎么窃取人类时间的？（预设：节省时间）

师：那么，毛毛的朋友们在节省时间之前和之后分别是怎样生活的？课前你们已经建立了毛毛朋友们的档案，那么现在请你们分工合作，根据你们的档案记录梳理这些人物的生活状态。

1. 汇报交流，汇总信息

分工合作交流

人物分组汇报	节省时间以前	节省时间以后
弗西	一组	二组
吉吉	三组	四组
尼科拉	五组	六组

汇报预设：

人物分组阅读	时间被窃之前他们的生活现状	时间被窃之后的生活现状
弗西 1/2	剪头师和客人闲谈、讨论 倾听别人的想法　陪伴母亲 养鹦鹉 朋友聚会和母亲闲聊 秘密送花　、 窗前静思	不停地剪头 每月一次看母亲 卖掉了鹦鹉 不再给达丽小姐送花 精神烦躁郁郁寡欢　怨天尤人
吉吉 3/4	自由地充满想象地讲故事 当导游、陪伴毛毛 充满梦想	不停地讲重复的故事、节省灵感 不再陪伴毛毛、失去自尊 厌恶自己的职业、失去梦想 精疲力竭
尼诺 5/6	开小酒馆 跟客人聊天 给毛毛送吃的	没有时间陪伴毛毛，赶走老顾客， 开快餐店、不停地收钱、 找钱、没有时间聊天 失去笑容

2. 对照信息，深入思考

思考：他们的哪些时间被节省了？四人小组合作交流讨论。

预设：和人交流的时间，陪伴亲人、朋友的时间，想象的时间，思考的时间，观察的时间，快乐的时间，自由自在的时间……

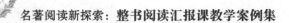

思考：节省时间后他们的生活怎么样了？

预设：以前，快乐、丰富、悠闲、自由；以后，不快乐、单调、忙碌、失去自由……

3. 统整信息，得出结论

观察表格，统整我们得出的结论，思考：故事究竟在讲什么？

预设：人们节省了快乐的时间不与人分享时间所以变得不快乐了

思考：作者创设这样一个故事，带给你关于时间怎样的启示？

预设：分享 做有意义的事 陪伴家人 让自己快乐 合理分配……

（请生找到时间花瓣粘贴。）

4. 朗读时间谏言，强化感悟

"有些财富，如果你不能跟别人分享，那么你自己就会因此毁灭"——《毛毛》

5. 总结阅读方法，加深印象

总结：通过对照人物的前后经历和对照不同人物的经历，就能读出故事中的这些寓意，请记住读懂童话寓言的一个好方法——对照人物前后经历。

活动三：交流人物形象档案，探寻时间被窃的原因

1. 提取信息，交流汇报

借助毛毛的形象思维导图和毛毛朋友的形象档案，再次阅读相关章节，找出能支持你档案信息的相关证据。

汇报交流预设：

人物		朋友们的形象	毛毛的形象
弗西（1组） P45-P46		不满现在的生活 虚荣 沮丧	P10 P14 善于倾听 P65 关心朋友
吉吉（2组） P29-P31 P33-P42 P81-P82	共同特点：	虚荣 不切实际妄想 不爱劳动 做事轻率 爱幻想	P71—P79 理智 朴实 P129—130 聪明
尼诺、尼科拉（3组） P66-P69		虚荣 贪心	P171 坚定 理智 P182 P187 勇敢 P192 坚强

2. 统整信息，得出结论

对照这些不同人物的形象和结局，思考关于时间的道理。

预设：虚荣贪婪失去时间，心中有爱才能保卫时间，坚定勇敢才能保卫时间，用心感受生命的人才拥有时间……

3. 朗读时间谏言，强化感悟

师：恭喜你们不仅懂得了时间的意义，还懂得如何去保卫时间，请你们记住："人们必须自己决定，他们怎样利用自己的时间，他们必须自己保卫自己。"

4. 总结阅读方法，加深印象

师：通过对照人物前后经历可以读出寓意，换个角度，通过对照不同人物形象也能读出不一样的寓意。这些方法我们统称"对比阅读"，这样的阅读能够帮助我们更深入地思考。

【设计意图】此环节是本堂课的重难点，整书阅读教学应当依体而教，明确这本书的文体才能让学生找准阅读的方向。由于这本书哲理性强，要让学生深入思考寓意，还需要给学生搭建支架，逐步深入理解。因此，此环节给学生三个支架：知文体，明方法；读情节，知寓意；读人物，明道理。

活动四：关联生活悟时间，学做时间主人

1. 关联生活，读懂"灰先生"

（1）读懂"灰先生"

思考：现实生活中有没有什么事物像"灰先生"一样在悄悄窃取我们的时间？四人小组合作，拿出思维导图单，在组长的带领下讨论交流并完成思维导图。

预设：手机、电脑、游戏、购物……

思考：请结合你的生活，选择一个让你最有感触的灰先生，具体讲讲它是如何窃取时间的？

思考：我们生活中的灰先生是指这些事情本身吗？

预设：心中的欲望　外部的诱惑……

思考：对照现实，你认为作者塑造这样的灰先生究竟又想告诉我们什么？

预设：我们的生活总是充斥着诱惑。

预设：拒绝诱惑、克制欲望，才能获得时间。（相机板贴对应的时间花瓣）

（2）朗读时间谏言，强化感悟

师：请你们牢牢记住，"人们必须自己决定，他们怎样利用自己的时间，他们必须自己保卫自己。"

（3）总结阅读方法，反思童话寓言的作用

总结：作者正是虚构了"灰先生"这个人物形象来批判和象征我们现实的生活，这就是童话寓言的作用。通过把童话世界的人物和现实世界关联起来，我们就与故事产生了共鸣，对这本书有了深刻的理解。

2. 展示时间花，分辨时间

请生拿出课前记录自己一周时间的时间花表，再次观察自己的时间花，结合今天对时间的领悟思考：你的哪些时间被偷走了？请你们涂上冷色调；哪些时间又是自己真正拥有的时间？请你们涂上暖色调。

学生汇报自己的时间花，并说出理由。

（1）辩证看待时间，调整时间花

思考：学习这件事究竟是该涂冷色调还是暖色调？（学生思辨讨论）

思考：有什么好建议能让这位同学改变他对学习的这段时间的感受？

预设：可以正确看待做这件事的意义，可以合理安排时间。

（2）反思时间，重塑时间花

思考：哪些灰先生藏在你的时间花里？你们又决定以后如何保卫自己的时间？学生自由表达。

（3）总结阅读方法，加深印象

总结：同学们，刚才你们通过关联现实，关联自身实际，懂得了如何正确运用时间。请你们记住这个阅读的好方法——关联阅读。

3. 关联当下时光，强化感悟

（1）思考：你们有没有真正拥有当下这段时间呢？请拿出本堂课的评价单，用心地感知这堂课带给你的收获。

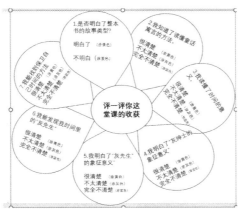

生展示自己的评价表，说说自己的收获

（2）朗读时间谏言，总结主题

师：你们此刻就在用心感受时间，感受生命，请你们记住，"没有用心感知的时间就失落了，正如瞎子失落了彩虹的色彩，聋子失落了小鸟儿的歌唱。"

师：同学们，时间究竟是什么？请你们读，"时间就是生命，生命存在于人的心中。"

师：希望你们将米切尔·恩德送给你们的时间谏言牢记心中，在未来正确地看待时间。也希望你们把毛毛永远装在心中，告诫自己："如果我们拒绝爱，拒绝付出爱，我们甚至会遗忘了明媚的阳光。"

【设计意图】整本书阅读的意义不仅在于提高学生的阅读能力，更是为了让学生在阅读中实现精神成长。像童话寓言这类书籍富有深刻的精神内涵，要让学生深入领会必须联系学生的生活实际和切身感受。因此此环节给学生搭建三个支架：关联生活，读懂"灰先生"；关联自身，感悟时间真谛；关联当下时光，强化感悟，来帮助学生深刻领悟时间的意义。

活动五：总结课堂收获布置拓展阅读

1. 运用对照阅读和关联阅读的方法去读懂《小王子》《一片叶子落下来》。

2. 摘录时间谏言，制作纸质精美书签送给亲朋好友。

3. 根据自己今天的收获，重新安排自己下一周的时间花。

七、板书设计

（建议年级：小学六年级）